THE GLOBAL VALUE OF
JAPANESE WAYS OF THINKING

Hakubun Shimomura

伊勢・熊野・那智の地を訪れて、つむぎだされた未来へのことば

世界を照らす日本のこころ

下村博文

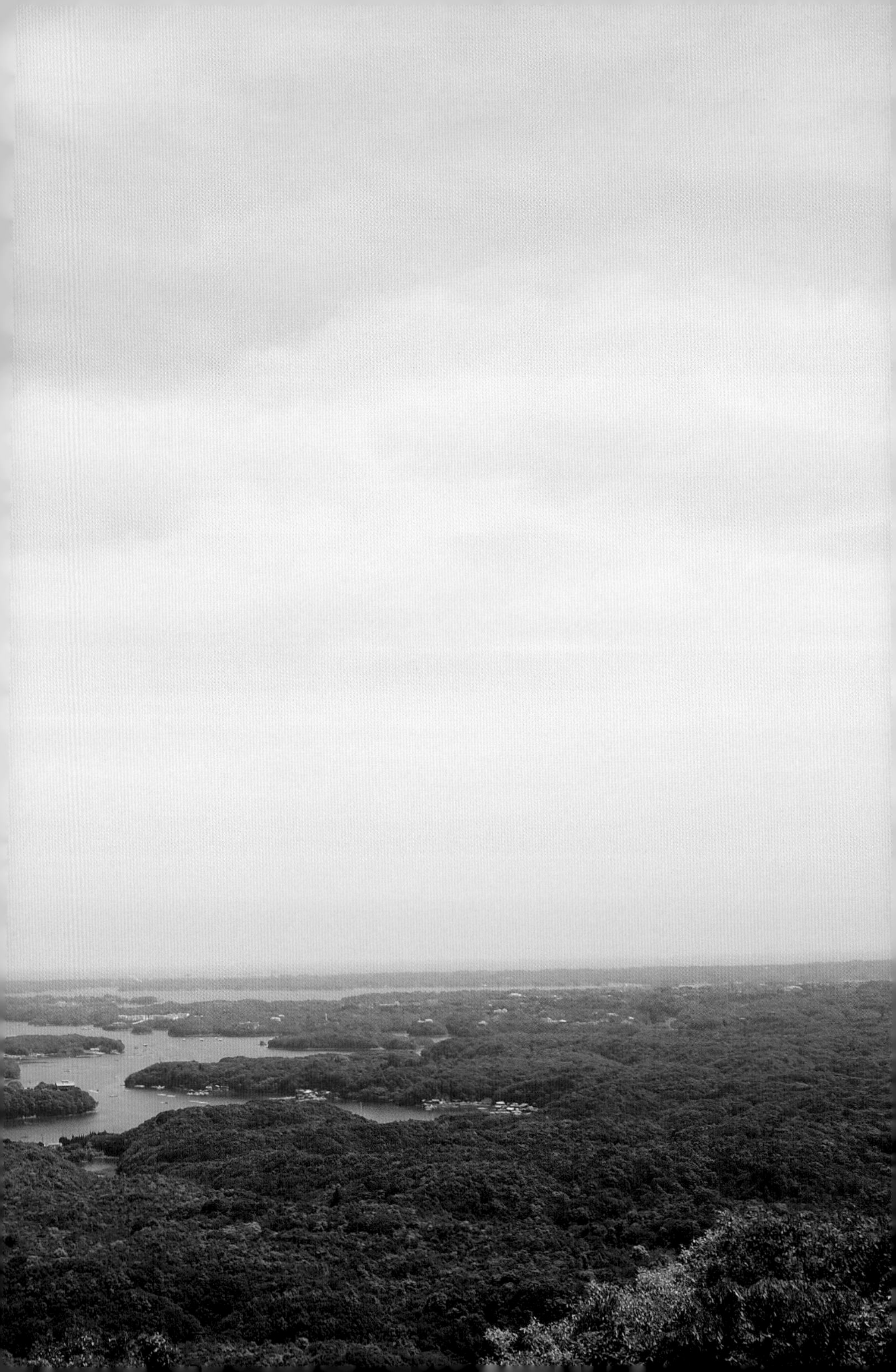

現在の西洋文明は限界にきている

環境破壊、異常気象、伝染病、資源枯渇、テロや紛争…

このままでは人類は滅亡するのではないか

しかし、それに代わる新たな文明のヒントが

この日本にある

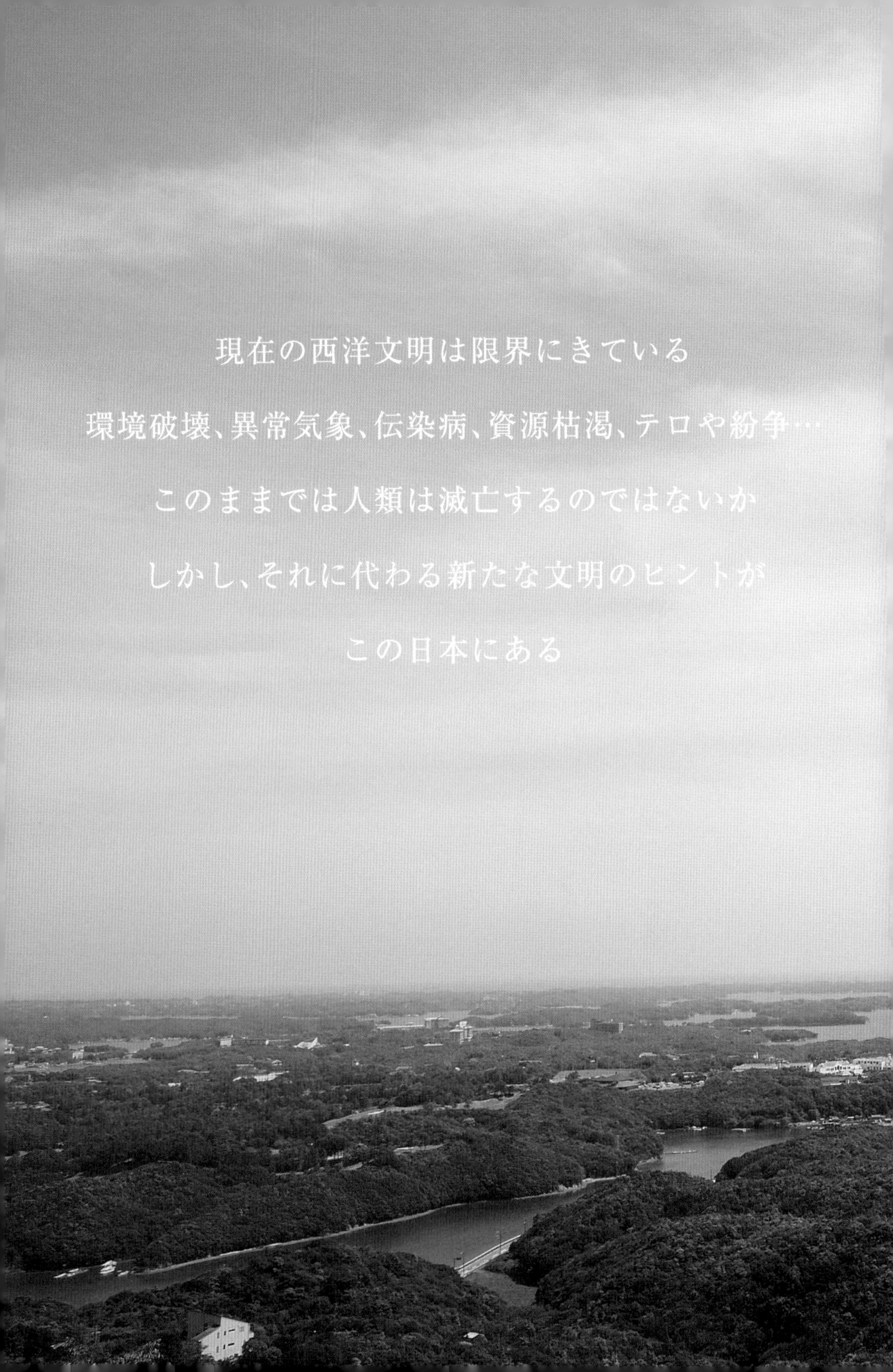

人類が自然と共存し、共生していく
その日本古来の叡智を、伊勢神宮の空間に感じた

自然との共生の中で身に付けた、自然に対する畏怖の念や
いつ命を失うかわからない覚悟が、日本人に「一期一会」の思想を生み出した
それが、日本を訪れた外国人たちが感じる、日本人の礼儀正しさや
互いを思いやる集団行動の素晴らしさへとつながっている

人間の精神の成熟とは
目に見えない価値が
見えるようになること

価値観の異なる世界の国々が集まり、調和していくために
必要なリーダーシップとは
ある種の謙虚さ
深い精神的な自信から来る謙虚さなのです

新しい人生は、他人が与えてくれるものではなく
自分自身が気付き、見出していくものなのです
そして、その覚悟を定めたとき、初めて
天の導きが与えられるのです

熊野大権現
熊野本宮大社

日本は、あいまいなところを大切にする国です
それは、人間同士が共生していくための叡智だと思います

違いは違いとして認めながら、良いものは互いに学び合う
良いものを学び合いながら、それを、さらに昇華していく
そうした姿が、これからの人類社会に求められているのです

真にグローバルな人間になるためには
真に日本人でなければならない
日本人としての基軸を、しっかりと持たなければ
真にグローバルな人間にはなれない

世界を照らす日本のこころ

下村博文

はじめに

二〇一三年九月、中国大連で開催された世界経済フォーラム（サマーダボス会議）に私は招待を受け初めて出席しました。各セッションの合間をぬって世界のトップリーダーとたくさんの二国間会談を行いましたが、その時印象に残ったのがシンガポール人のジョン・パンさんでした。彼は自国のみならず、マレーシアやミャンマーの政府アドバイザーもしている視野の広い若き政策コンサルタントです。

その彼が、「二十一世紀は日本の文明の時代だ」と言います。日本人でもそのように考えている人は少ない中で、もともとそのように考えている私と意気投合し、再び二〇一四年一月スイスで開催された世界経済フォーラム（ダボス会議）でお会いすることになり、本著の企画を考えるようになりました。

ジョン・パンさんの奥さんは日本人であり、その影響で日本通であることは確かですが、彼と一緒に「なぜ二十一世紀は日本の文明の時代なのか」改めて私も深く考察したいと考えました。

私の考える最も日本文明のヒントとなるべきところが、伊勢神宮と熊野三山にあると定め、二〇一四年八月十日〜十二日、ジョン・パンさんらと旅をすることにしました。同行してくださった方は、ジョン・パンさんご夫妻をはじめ、総勢十人を超えるメンバーとなりました。

八月十日は、三重県内だけで避難勧告五十万人となる大型台風が接近してきており、伊勢神宮に参拝に行くこと自体、無謀なことですが、誰からも変更しようと言う声もあがらず、東京から予定通り粛々と進んでいきました。不思議なことに交通機関もほとんど遅れることなく、午後には外宮、内宮ともに参拝することができました。

なぜ伊勢神宮や熊野三山に二十一世紀の日本文明のヒントがあるかは、本文をお読みいただければと思います。

ただ、私がここで強調しておきたいのは、本書は単なる国粋主義的愛国心で著述したものではないということです。古来の日本の精神には、独善的でなく、世界を平和に導く理念があるということです。聖徳太子は「和の精神」と呼んでいますが、日本には自然との共生や他者との共生の精神が古来から存在しているという事実です。

しかし、残念ながら、その本来の日本が持っている崇高な精神を、近年日本人自身が見失ってしまいました。

今世紀中に地球上の生物の種の半分は絶滅してしまうだろうと、『不都合な真実』でノーベル平和賞を受賞したアル・ゴア元米副大統領は予測しています。地球温暖化、エネルギー資源の枯渇、水や食糧難からくる紛争など、このままでは人類に未来はありません。

私たち日本人は、今こそ温故知新によって、古《いにしえ》の知恵を知り、新たな世界観を樹立するときです。それは日本が世界で優位になるといった愚かな考えではなく、日本古来の神道的考えに基づくものでなければなりません。人類が共存共栄していくことに寄与するといった謙虚でいて、しかし大切な使命感です。

このままの状態では、人類に未来はないと誰もが感じるような世紀末の様相を呈しています。

そんななか、私たちがやるべきこと、なさなければならないことは何でしょうか。そのヒントを本書の中で述べました。

二〇一五年一月
下村　博文

目次

第3章　那智大社……93

編集協力　田坂　広志（多摩大学大学院教授）
藤沢　久美（SophiaBank 代表）
小野寺　粛

写真　水野克比古（カバー・口絵・本文）
坂本　憲司（口絵2、3、5頁・本文17、22、25、28、36頁）
竹内　敏信（本文133、148頁）

装幀・口絵　PARK. Sutherland Inc.

第1章

伊勢神宮——自然との共生

伊勢神宮を参拝して

はじめての伊勢神宮

私が伊勢神宮に初めて参拝したのは、二十四年前の三十六歳のとき、東京大学の或る先生の言葉がきっかけでした。

「現在の西洋文明は限界にきている。環境破壊、異常気象、資源の枯渇、テロ等々、このままでは人類は滅亡するのではないか。しかし、それに代わる新たな文明のヒントが日本にあると思う。これまでも人類はその時々、文明の盛衰を経てきた。これからの地球社会の中で、日本の文明こそが求められている。そのヒントが伊勢神宮にある。それはいったい何なのかは、伊勢神宮に行かないとわからないだろう」。

■伊勢神宮

正式名称は単に「神宮」。太陽を象徴する女神である天照大御神を祀る皇大神宮(内宮)、衣食住を守る豊受大御神を祀る豊受大神宮(外宮)の二つの正殿を中心に、別宮、摂社、末社、所管社を含む、一二五の社の総称。外宮を参拝してから内宮に参拝するのが正しいとされているが、二つは五キロメートルほど離れている。

「日本書紀」によると、内宮は第一一代垂仁天皇二六年に、伊勢の地に建立されたと伝えられている。伊勢に定まる前に一時的に天照大御神を祀った倭笠縫邑は現在の奈良県桜井市にあり、今日「元伊勢」と呼ばれている。

その言葉に導かれるかのように、私は、家族と共に伊勢神宮に向かいました。上の子もまだ三歳、下の子は一歳で、乳母車に乗せての旅でした。

伊勢神宮は二千年以上も続く古い神社です。伊勢神宮のご祭神は、第十代の崇神《すじん》天皇のころまでは、宮中に祀られていたそうです。その後、日本書紀によれば、神の勢いがあまりにも強かったため、もっといい場所に祀るべきだということで、皇女豊鍬入《とよすきいり》姫命《ひめのみこと》に命じて、倭笠縫邑《やまとかさぬいむら》に祀らせたとあります。さらに、第十一代垂仁《すいにん》天皇の時代に、もっといい場所を、ということで、第四皇女の倭姫命《やまとひめのみこと》が奈良を出て、京都・和歌山・岡山・滋賀・岐阜・愛知・三重をめぐり、現在の伊勢五十鈴川《いすずがわ》の地に神宮を建造され、伊勢神宮となったそうです。

伊勢神宮参道を歩く下村大臣一行

伊勢神宮を訪れるまでの私は、いわゆる戦後教育の申し子で、日本の神道、あるいは宗教というものには否定的でした。ですから、伊勢神宮に参拝したいと思ったことはありませんでしたし、そんな機会もありませんでした。しかし、東大の先生の言葉をきっかけに、伊勢神宮の内宮に行って、参道を歩きはじめてみると、たしかに神社は不思議な空間だなと思えてきたのです。

西行の和歌

今から一千年以上前に、著名なお坊さんでも歌人でもあった西行法師が、こんな歌を残しています。

何事の　おはしますかは　知らねども　かたじけなさに　涙こぼるる

伊勢神宮に参拝してみると、伊勢神宮の空間に、どなたかはわからないけれども、どなたかがいらっしゃる。それは神様なのだが、ここに来ることによってはじめて感じることができる。それによって、なぜだかわからないけれども、涙があふれる。そ

■西行
（元永元年（一一一八年）—文治六年（一一九〇））
平安時代末期を代表する歌人。鳥羽院の北面の武士として宮中に仕えていたが、二三歳で出家。各地を放浪し、多くの和歌を残した。『新古今和歌集』などの勅撰和歌集に二六五首が収録されている。

宇治橋から見た伊勢神宮の森

伊勢神宮風日祈宮

んな意味の歌です。

　私のはじめての参拝では、西行ほど瞬間的に、敏感に伊勢神宮を感じたわけではありませんが、杉木立の中に奇跡を感じました。伊勢神宮の参道には、杉木立があります。西洋であれば、そこに庭園を作るところでしょう。木を全部伐採して、庭園を人工的な美しさで作り変えるのが西洋の美的感覚の一つです。そしてもし、参道の真ん中に杉の木があったら、その木を切ってしまうのかもしれませんが、伊勢神宮では、その木を生かします。

　たとえば、お社がある場所に杉の木が生えていたら、伊勢神宮では、杉を切らずに、お社の屋根を切ります。どうして、そこまでして、そこにお社を建てるのでしょうか。それは、お社を建てる場所が重要だからです。パワーのある場所に、お社を建てるのが伊勢神宮です。ですから、そこに杉があっても、聖なる場にある杉は切らない、という考え方なのです。

　また、伊勢神宮には、式年遷宮といって、二十年に一度新しいお社を建て替える習わしを、もう千三百年にわたって続けています。戦争で中断したこともありましたが、二〇一四年の式年遷宮で六十二回を数えました。その式年遷宮のときにも、やはり杉は切らない。杉は大きくなるから、屋根の切り込みも大きくなるでしょうが、それでもやはり、木を残します。

■式年遷宮
　伊勢神宮において定期的に行われる遷宮のこと。二〇年ごとに、内宮と外宮、一四の別宮をすべて建て直す。最初の遷宮は、持統天皇四年（六九〇年）に行われた。

パルテノン神殿と伊勢神宮

もっとも、古い遺跡は世界各地にあります。たとえば、伊勢神宮に女性の神様「天照大神」が祀られているように、古代のパルテノン神殿には、女神「アテーナー」が祀られていました。しかし、六世紀にキリスト教徒が侵攻してくると、パルテノン神殿の女神像は取り除かれて、神殿はイエスの母マリア聖堂となります。その後一五世紀には、イスラムのオスマン帝国に占領されて、パルテノン神殿はモスクとなってしまいました。さらに一七世紀になると、オスマン帝国とベネチアが戦争になり、パルテノン神殿も戦場となり、ついには、今のような廃墟になってしまったのです。

パルテノン神殿は、大理石で作られた豪華絢爛《けんらん》で頑強な建物ですが、歴史の荒波にもまれて、結果的には遺跡になり果ててしまいました。しかし一方で、伊勢神宮は木と草で作られた、簡素で規模も小さいものですが、式年遷宮によって千三百年以上にわたり、昔のままの静かなたたずまいのまま、現在に生きているのです。これを奇跡と呼ばずして、なんと呼んだらいいのでしょうか。千三百年以上にわたって、昔の姿をそのままに現在に伝えてくれた祖先たちに心から感謝の念が湧きあがります。

伊勢神宮は、原初の人々の生活と信仰の形を、生きたものとして、神域内の空間に

■パルテノン神殿
　紀元前五世紀に、古代アテナイのアクロポリスの上に建てられた神殿。ギリシア神話の女神アテナを祀り、アテナイの象徴であったが、その後六世紀にはキリスト教の聖堂となり、さらに一五世紀にはオスマン帝国によってモスクに変えられた。その後、一六八七年のヴェネツィア共和国とオスマン帝国との戦いで、オスマン帝国により弾薬庫として使われていたパルテノン神殿は爆破され、その後廃墟となった。

そのまま伝えています。森の中で千三百年ずっと、同じたたずまいを、当時のまま今も現存させている。この伊勢神宮を、私たち自身も日本の文化として、後世に伝えていかなければなりません。

この伊勢神宮を訪れたとき、東京大学の先生が言われた、二十一世紀の文明のヒントとは何かが、ふと、頭をよぎりました。「二十一世紀の文明のヒントは、自然との共生ではないか」。そう感じたのです。地球において、人間は孤立した存在ではなく、自然と共に生きていく存在である。参道にそびえる杉やカシ、シイの大木に象徴されるように、伊勢神宮のあり方は、私たちの祖先がいかに自然を重んじてきたかということの表れでもあります。日本の最高神である、天照大神のご社殿が森でおおわれているというのは、日本文化の根底にある、慎み深い品格を表している、そう感じたのです。

正宮の北方にご鎮座する荒祭宮。ご祭神は、天照坐皇大御神の荒御魂で、内宮に所属する十別宮のうち第一に位する

日本人の魂に触れて

先ほども申し上げましたが、それまで私は、戦後教育、ある意味では社会主義教育といっていい教育をずっと受けてきました。当時の日本の教育ではそう明示されていたわけではありませんが、社会科の教育の背景には、社会主義的な歴史観があったと思います。そして、社会主義は宗教を否定しますから、学校教育には宗教を否定する雰囲気があったわけです。さらに宗教といっても、いろいろなレベルがあります。神道は一種のアニミズム、原始宗教という位置づけをされていました。日本の神道は、世界で最も遅れた原始宗教であるというのが社会主義史観です。直接そう教わったわけではありませんが、なんとなく自分が宗教に否定的になったのは、そこに原因があったのではないかと思います。

しかし、私は、伊勢神宮に参拝し、人類が自然と共存して生かし合う、という日本古来の知恵を伊勢神宮の空間に感じたのです。そのとき、私が心に抱いたのは、尊敬でも憧れでも、そして喜びでさえもありません。それは、「畏れ」でした。人の力ではどうにもならないものを、ひたすらに畏れる。その恐るべき力を持つものを、人は神と呼んだのだと思います。この感覚は、宗教や宗派、イデオロギーなどを超越し

伊勢神宮宇治橋の両側にある神明鳥居。その高さは7.44m

た、日本人の内に流れる魂の系譜なのでしょう。神道は、決して原始的な遅れた宗教ではなく、日本人の魂そのものなのだ、ということを感じた、そんな参拝でした。

伊勢神宮を訪れた外国人たち

伊勢神宮のような聖なる場に来ると、外国の人も、私と同じような感覚を持たれるようです。あるとき、外国人の留学生が、神社と公園の空間の違いは自分にはよくわかると言っていました。鳥居をくぐった瞬間、神社は非常にきれいで、空気が澄んでいると思うけれども、公園はほこりっぽいと。同じ緑のある空間でも、ここは神社でここが公園だというのは、外国人でもよくわかる、そんなことを言っていたのです。その最たるものが伊勢神宮なのかもしれません。

伊勢神宮を訪れた多くの著名な外国の方々も、このことを裏づけるような言葉を残していきます。少し長くなりますが、引用しましょう。

■アーノルド・トインビー（イギリス・歴史家）

「この聖地において、私は、あらゆる宗教の根底的な統一性を感得する」

■鳥居
鳥居は、神域と俗世間を分ける結界を意味する。伊勢神宮の鳥居は、式年遷宮の翌年に建て替えられる慣わしである。

■アーノルド・トインビー
（一八八九―一九七五）
イギリスの歴史学者。「日本人が歴史に残した功績の意義は、非欧米人の面前で、アジアとアフリカを支配してきた欧米人が、過去二〇〇年の間信じられてきたような不敗の神でないことを明らかにしたことである。」（英『オブザーバー』紙、一九五六年一〇月二八日）

■ダニエル・ブアスティン（米国議会図書館長）

「伊勢神宮では、二十年ごとに新しく建物を建て替えます。これは、日本人の時間に対する態度の象徴です。柔道のように、相手の力に逆らわず利用することで相手に勝つという意味でね。私の記憶では、内宮の木の柱は直接地面に打たれ、自然から切り離されません。つまり、二十年後、建物に自然の作用が及びきったとき、それを建て替えることを予定に入れているのです。建築家は時間と闘うのではなく、時間を友人としているのです。時間に対して譲歩することで時間を取り込んでいるのですよ。今回は、東京から伊勢志摩国立公園に向かったのですが、非常に印象に残ったことは、伊勢神宮では樹木より高い建築物が全然なかったことです。これは、まったく高層建築と対照的です。高層建築は、空の眺めを大きく破壊します。西洋の教会は木々つまり自然を越えることを目指し、日本の神社は自然の中に自らの道を求めます。神社は風景の中に溶け込み、自然への友情といったものを表現しています」

■オイゲン・ディーゼル（ドイツ・哲学者）

「伊勢神宮は古くして、しかも人間にとって最も基本的な精神が宿っている。私は極東へ来て、今、この伊勢神宮において、かかる事実を目の当りにしようとは予

■ダニエル・ブアスティン（一九一四―二〇〇四）
シカゴ大学教授であったほか、アメリカ連邦議会図書館長なども務める。著作の中で、現代の消費社会やマスコミを鋭く批判した。

■オイゲン・ディーゼル（一八八九―一九七〇）
ディーゼルエンジンを発明したルドルフ・ディーゼルの息子。文化に関する著作多数。

期しませんでした。私は感激のあまり、胸せまる思いがします」

私は、仕事柄多くの海外の方々とお会いしますが、ぜひ、そういった方々にも伊勢神宮にお越しいただき、二十一世紀の文明のヒントを感じていただけたらと願っています。

災害から立ち直り続けた日本の強さ

二十一世紀の世界は、資源・エネルギー・食料・温暖化・人口爆発など、人類の存続に関わる課題がより深刻化していきます。日本が古来より二千年にわたって育んできた文明は、二十一世紀の世界が実現すべき文明かもしれません。今、我々日本人は、自らの文化を振り返り、自らのいたらなかった点を認めると同時に、日本人

伊勢神宮宇治橋　内宮の表道口にある長さ101.8m、幅8.42mの木造の和橋。五十鈴川にほぼ直角に架けられた宇治橋は内宮のシンボルとされる

のよい点をあらためて思い出して、自信を取り戻さなければならない、と思っています。

ただ、歴史を繰り返さないためにあえて申し上げると、それは日本人優位主義ということではありません。日本人が、他の民族よりも優れている、と言いたいのではありません。では、なぜ日本の文明の時代なのかというと、一つには、日本という地理的空間のなせる業だろうと思っています。

実は、私は昨日、インドのバンガロールという場所から戻ってきました。バンガロールは、標高約一千メートルの高原にあり、四季を通じて気温はほぼ二十数度と一定に保たれています。まさに常春というべき、とても暮らしやすく、すばらしい環境に恵まれた土地です。そのため、世界のＩＴ企業がバンガロールに集積しつつあり、ＩＴを学ぶ学生が集まる大学もあります。そのオープンキャンパスを訪問しましたが、文字通り、ほんとにオープンで、窓もエアコンもありません。嵐も台風も来ませんし、暑くも寒くもない快適な環境下で研究をしています。素晴らしいところです。

一方、日本は、毎年、台風や豪雪など、過酷な気候条件の場所にあると言えます。それが結果的に四季の美しさにもなっているのですが、百年に一度ぐらい、日本は大災害に襲われて、立て直しができないのではないか、というところから蘇り、這い上がって立ち直って、今があります。日本の領土は、世界のわずか〇・五パーセントで

■バンガロール
インド南西部カルナータカ州の州都。「煮豆の町」という意味で、一二世紀、狩りの最中に道に迷ったヴィーラバララ二世に貧しい女性が豆を煮て食べさせた故事に由来する。現在では「エアコン・シティー」、「インドのシリコンバレー」と呼ばれる。

すが、災害の集積率は二〇パーセントです。そういう天災地変が集積するということは、実は、日本の国土は、非常にエネルギーが強いところなのだろう、と私は思います。火山や地震が多いというのも、それだけエネルギーが大きい証です。エネルギーが大きいというのは、パワースポットだということでしょう。世界の人が思う以上に、日本にはエネルギーがあふれていて、そのエネルギーを感じるところに、こういう神社仏閣ができている、という歴史的な経緯もあると思います。

自然との共生によって育まれた日本人の心

アメリカで有名になった、マクロビオティックという食事療法があります。これはもともと、日本古代の食事療法です。創業者の久司《くし》道夫さんは、ずっとボストンに住んでいますが、このようなことをおっしゃっていました。日本のカボチャの種を持っていって、アメリカで栽培して、カボチャ料理を作っているけれども、四年ぐらいするとまずくなって食べられなくなる。なぜだろうと思ったら、どうやら土壌のエネルギーが関係しているらしい。アメリカには、肥料はたくさんあるのですが、実は肥料以上に植物や成長に大切なのは、土地の持つエネルギーです。アメリカの土地より

■**マクロビオティック**
陰陽の理論に基づく食事療法。玄米を主食、野菜や豆、海草などを副食とする。

も日本の土地のほうが、エネルギーがあふれている。だからカボチャも、日本のカボチャのほうが特別肥料を与えなくてもおいしい。そのことを、久司さんは自らの体験を通じて発見したわけです。

これは、食べ物に限った話ではありません。日本にはエネルギーがあふれている。しかし、そのエネルギーの集積は、自然の中にあるものです。日本人が優れているということではなく、日本人が厳しい自然の中で苦節を積み重ねて、エネルギーをわがものにしているのです。バンガロールのような快適な自然環境の土地がある一方で、日本では、今度の災害で死んでしまうかもしれない、家や畑が流されるかもしれない、今年一年作物ができないかもしれないという厳しい環境の中で生活を積み重ね、自然と共生しながら生き抜く知恵を、日本人は永年かけて生み出してきたのです。また同時に、常に自然災害によって、いつどうなるかわからないという無常観が生まれ、日本人独特の一種の悟りにもつながっていると思います。

こうした自然との共生の中で身に付けた「畏怖の念」や、いつ命を失うかわからない覚悟が、日本人に「一期一会」の思想を生み出し、出会った人との「縁」に感謝する挨拶となり、日本を訪れた外国人た

三重県松阪市の田んぼで作業する農家のひと

ちが感じる、日本人の礼儀正しさや集団行動の素晴らしさへとつながっているのです。東日本大震災の津波の際も、暴動や社会不安も起きず、すべてを失った被災地の方々の威厳ある静かな行動に、海外の方々が驚かれたというニュースも記憶に新しいのではないでしょうか。

日本の礎としての天皇制

万世一系の天皇制

日本がこのように、永年にわたりエネルギーを蓄え、日本が世界で一番古い国となり得た理由を考えてみると、それは万世一系、つまり皇室があったからこそ可能になったといえると思います。皇室のルーツはまさに、伊勢神宮に祀られている天照大御神です。自然のエネルギーもさることながら、国家としての脈々とした積み重ねもあって、今の日本があるわけです。この永い歴史を導いた大いなるものへの感謝を抱

■万世一系
　皇室の永続性を表す言葉。議論はあるものの、現在も公的に受け入れられている。短期間で王朝が交代した中国とくらべて、日本の皇室は断絶せずに一貫して続いてきたという主張は古くから存在している。大日本帝国憲法には天皇の万世一系が明記され、やがて神である天皇が治める国であるという神国思想や国粋主義をもたらした。戦後の日本国憲法には万世一系の原則は明記されていないが、皇室の世襲制の原則は維持されている。

くならば、我々は、この日本という国が、これから世界に対していかなる貢献ができるかを考えなければならないと思います。

しかし、一方で、こうした日本における天皇の存在の意味や意義について、海外ではまだ十分に理解されていないように思いますし、日本においても、それを知る機会はあまりないのが現状です。これから日本が、先進国として、世界に貢献する国となっていくためには、日本における天皇の存在の意味や意義を深く知っていただく機会を持ち、世界各国との相互理解を深めていくべきと思っています。ですから、この拙著においても、天皇について、大切なことを語っておきたいと思うのです。

まず、『古事記』や『日本書紀』といった古い書物によりますと、天上の国、高天原《たかまがはら》で、神々の中心であられた天照大御神が、瑞穂の国である日本を鎮め、治めるために、孫の邇邇芸《ににぎ》を、九州高千穂に天降らせたのが、皇室のルーツです。

その後、九州から東へと進出し、天照大御神から六代目にあたる神倭《かむやまと》伊波礼《いわれ》琵古《ひこの》命《みこと》が、紀元前六六〇年、奈良の橿原《かしはら》で初代神武《じんむ》天皇として即位されました。これが、日本の建国です。その血筋を今に至るまで引き継がれているのが、今上陛下であり皇室です。

■古事記・日本書紀

「古事記」は、天武天皇の命で稗田阿礼が誦習していた皇族の系譜や伝承を、太安万侶が編纂して和銅五年(七一二年)に元明天皇に献上された日本最古の歴史書。

「日本書紀」は、天武天皇が川島皇子らに命じて作らせた、全三〇巻に及ぶ日本最古の正史。

■瑞穂の国

瑞穂は「みずみずしい稲の穂」の意味。古事記では、日本を「豊葦原の瑞穂の国」(豊かな葦の原のように、稲がよく実る国)と称えている。

海外の王室との違い

今、世界には世襲の君主国が二十九カ国あるそうですが、日本のような万世一系の王室はほかにはありません。たとえば、イギリスの王室は、ノルマン朝から現在のウィンザー朝まで、七度王朝が変わっています。三百年前に、当時のスチュアート王家に後継ぎがいなかったことや、宗教の対立があったことから、ドイツからスチュアート王家の縁戚にあたるジョージ一世を王として招いた流れが続いているのが、今のイギリス王室です。

中国も同じです。まず、中国四千年の歴史とかいわれることがありますが、中国の歴史は皇帝の歴史です。秦の始皇帝が誕生したのが、紀元前二二一年ですから、実際には約二千二百年くらいということになります。中国は「易姓革命」の国です。様々な民族が出てきて、同じ土地でも支配者が変わると、これまでの王朝は、一族郎党皆殺しにされてしまいますし、文化はそこで、すべて中断してしまいます。たとえば、「漢」という国は、漢民族の劉氏でしたし、「隋」は北方の遊牧民族、鮮卑族の煬氏です。さらに「元」はモンゴル族のボルジギン氏、「清」は満州族のアイシンギオロ氏という具合に、王朝が変わるごとに「姓」が「易《か》」わっていったのです。これを、易

■易姓革命
儒教の思想に基づき、君主が徳を失った時に革命が起きるとする理論で、中国において王朝の交代を擁護するために用いられた。

姓革命といっています。

このように、中国の皇帝は、代わると姓が変わっていきましたが、天皇は万世一系ですから「姓」がありません。昭和天皇の本名は「裕仁」で、今上陛下は「明仁」、皇太子殿下は「徳仁」ですが、一般に天皇や皇子・皇女の本名を口にすることはまずありません。このように、天皇に「姓」がないということは、長い歴史の中で、皇室が万世一系の世襲によって連綿と続いてきたということの表れです。

また、日本の皇室は、国民の象徴として、国民と同じ人間であると同時に、日本人の倫理的な精神の基盤として、神道的・神的な要素も受け持っています。それゆえ、皇室の方々は自己を律する姿勢が極めて高く厳しいのであり、それが国民から尊敬され続けている一つの理由でもあります。

天皇陛下の仕事は、日々祈ること

さて、このように日本は万世一系の皇室を守ってきた国であり、他の国のように王が支配してきた国ではありません。天皇というのは「権力」ではなく、「権威」なのです。天皇は、国民のことを大御宝《おおみたから》といって、国民を大切にする権威者なのです。そ

■権威と権力
歴史的に見ても、天皇は権威として時の権力者に正統性を与える役割を担ってきた。例えば、足利義満は天皇の権威に頼らず政権を維持することに成功したが、足利義政の代になると臣下を抑えることができず、天皇の権威に再び依存するようになった。織田信長も、勅命による和議で窮地を逃れることがたびたびあり、単なる象徴以上の役割を果たしていることがわかる。

■大御宝
「田部（たべ・農民）」を意味する「田族（たから）」が語源とされる。山部（やまべ・狩人）や海部（あまべ・漁師）と比べて、農民がとくに重視されていたことがわかる。

ういう信頼関係があるからこそ、他の王国の歴史のような、自ら王を廃して、自分が次の王になるということは、日本の古来の歴史において生じなかったのです。また、日本の歴史を振り返ればわかることですが、歴史上、優れた武将が出てきた際にも、将軍になることはあっても、権威である天皇の地位を脅かすことはありませんでした。

あまり知られていないことかもしれませんが、実は、天皇陛下のお仕事のほとんどは、「祈り」です。天皇陛下は、常に国民の幸せと安寧を祈られています。しかし、天皇陛下が、どこに行かれたというのは新聞などで報道されますが、どんな祈りをされたかということはまったく報道されません。実は、天皇陛下は、まさに日本国の大神主のような存在であり、陛下は、日々、日本の平安と安寧を祈られているのです。ご自身のためではなく、国民のために祈られている。そういう存在が、天皇陛下という存在が、日本の伝統なのです。ある意味では、天皇陛下は、ご自身のために生きていらっしゃるのではなく、国民のために生きていらっしゃいます。そして、そのお姿こそが、皇室の方々への国民の尊敬の源になり、皇室という権威の源になっているのです。

■**天皇の祈り**
天皇の祈りや祀りは公務ではなく、天皇家の私的行事として続けられている。主要な宮中祭祀には、元旦の歳旦祭、二月一一日の紀元節、一〇月一七日の神嘗祭、一一月二三日の新嘗祭などがあるが、これにとどまらず、天皇は最高位の神主として、日々国民のために祈りを捧げている。

三・一一に見た、天皇・皇后両陛下のお心

東日本大震災のとき、東北の被災地の方々は、本当に困難の極みでした。家も流され、家族も犠牲になり、学校の体育館などで避難生活を送られていて、人間として極限の状態を味わわれた方々が、二十数万人といました。あの震災の直後に、被災地へ足を運ばれた天皇、皇后両陛下のお姿は、言葉にならないほど、深く胸を打たれるものでした。天皇、皇后両陛下は、被災者の方々が床に座っているのをご覧になり、膝をついて相手と同じ目線になり、一人ひとりに対して、まさに慈しみの眼差しで思いやりの声をかけられたのです。天皇陛下ですから、実際に何か支援物資を提供するということはできません。ただ、被災者の方々に対して、慰めと励ましのお言葉をかけられるのですね。それを聞いている被災者の方々は、誰もが涙を流すほど感動されるのです。それも、テレビの映像でそれを見ていた被災地の方々だけではない、東京に住んでいる我々でさえも、天皇陛下、皇后陛下の振る舞いとお言葉に触れ、同じように深い感動を覚えました。その光景は、皆さんもよく覚えていらっしゃるのではないでしょうか。

私もあのとき、美智子妃殿下が被災者の方に対して「よく生きていてくださった」

■皇后陛下のお言葉

多くの被災地を訪問された皇后陛下は、被災された方々の手を取られて「よく生きていてくださいました」「大丈夫ですよ。元の生活に戻れますから」とお声を掛けている。

とおっしゃったのをテレビで見て、涙が出てきたのを覚えています。同じねぎらいの言葉をかけるのであっても、「よく生きていてくださった」という言葉は、人間として語りうる最も深い言葉だと思います。決して上からの目線ではない、本当に生きていてくださったことが有り難いという、まさに、皇后陛下が語られた言霊《ことだま》であったと思います。

このように、日本には、自己を厳しく律し、国民の幸せと安寧を祈り続ける天皇陛下、皇后陛下、そして、皇族の方々のお姿がある。そのお姿を通じて、日本人は、極限の状況であっても、みな平常心を保ち、他の人々への感謝を抱き、耐えることができたのです。そういう目に見えない力、尊い力という意味で、天皇家は特別な存在であり、それが、この日本という国の素晴らしさの根幹になっていると思います。

天皇制が二千年も続いた理由

さて、これまで二千年続いてきた皇室ですが、いつの世も安泰であったわけではありません。私は、歴史上、天皇の地位に取って代わる可能性があった武将は、織田信長なのではないかと思っていたのですが、そんな思いから、織田信長が最後に居住し

内宮の参道から空を見上げると、そこには伊勢神宮万華鏡が……

ていた安土城へ行ってみたことがあります。安土城は今から三十数年前に発掘されたのですが、映像を見ると、安土城の天守閣の隣に、天皇をお迎えする建物がしっかりと建てられていたのです。つまり、あの権勢を誇った織田信長ですら、自ら天皇になろうとは思っていなかった。足利氏の幕府の廃止を画策していたのかもしれませんが、しかしそれでも、自ら天皇になろうという気は毛頭無かったようです。それはやはり、天皇制というものが、何百年、何千年と培われてきた日本の根本の土台であり、それを覆すということは在り得ないことだったからでしょう。

天皇制がなぜ続いてきたのか。もう一つの理由は、島国だったからという要因もあると思います。つまり、他の民族が侵略しづらい地形であったということです。しかし、奈良時代、日本は大陸からの出兵の危機に直面しており、九州から奈良までの各地に、守りの兵を置いたという記録があります。しかし、時の天皇であった聖武天皇は、兵を置くだけでは、日本を守りきれないと考え、国の平和を国民全員で祈り、互いに協力し合う社会を作ることこそが、国を守ることにつながると考え、国民参加による大仏建立の詔を発し、自らは権力者とならず、国民の幸せと国の平和を誰よりも祈る権威という存在に身を置いたのです。

爾来、歴代の天皇は、権力者として国民を支配しようという発想を持たず、国の安寧を祈る権威という存在であり続けてきました。もし、天皇が権力者の立場に身を置

■安土城
琵琶湖東岸の安土山に織田信長が建造した城。大型の天守閣を備えた最初の城として威容を誇ったが、本能寺の変の後まもなく焼失した。一九八九―二〇〇九年にかけて、調査整備が行われた。

いたならば、どこかで革命が起き、その地位は別の人に取って代わられていたかもしれません。なぜならば、権力者に対しては、国民の中にどこか恐怖が生まれてきます。それゆえ、権力者に対して、どれほど国民が従順を装ったとしても、その行動原理は恐怖や利得といったものであり、決して平和とは言い難い社会を作り出してしまうからです。だからこそ、聖武天皇は、権力と権威を分け、天皇は権威のみを持つという制度を生み出したのです。

ただし、それでも、権威というものが誤った形で神格化されてしまうと、やはり社会の平和が危うくなります。そこで皇室は、それを防ぐために、権威を持つ側が、誰よりも謙虚な心を持って、自分の権威を前面に押し出さないように努めてきたのです。日本の皇室が万世一系を保つことができたのは、一つには、この権威というものに対する深い叡智を持っていたからでもあるのでしょう。

さて、こうして二千年続いた天皇制ですが、その存続の最大の危機を迎えたのは、第二次世界大戦後、日本がGHQの支配下に置かれたときでしょう。しかし、このときも、マッカーサー元帥が昭和天皇と会見したとき、天皇陛下のご人徳に深く敬服し、考えを変えたといわれています。しかし、それは、昭和天皇だけが持たれていたご人徳ではなく、まさに皇室そのものが、ご人徳の極みのような世界を育んでこられたからだと思います。古より、皇室が、常に国民というものを大切にされてきたからこそ、皇室というものが今日に至るまで存在してきたのでしょう。

天皇は日本人の精神の基軸

第二次世界大戦後、もし天皇制が廃止されてしまっていたならば、今の日本の繁栄はなかったでしょう。それだけ、天皇は日本国民の精神的な拠り所になっているといえます。天皇という存在がなくなるということは、まさに日本人の精神の基軸がなくなってしまうことなのです。一般の国民は、天皇制があるから自分たちの存在が確かなものになっているということを余り意識していないと思いますが、天皇制という日本人の精神的基軸が明確にあるから、日本という国は、海外から精神的に征服されないのです。そして、その基軸があるからこそ、日本人は柔軟に海外の文化を取り入れ、その文化と共生していくことができるのです。

一方で、日本の天皇のような存在を各国が持つことは無理であり、各国は、各国の歴史や伝統に基づき、それぞれの基軸を築いていけばよいのです。大切なことは、どの国も、自分の国の根っこをしっかりと持つことであり、日本は、日本で、古来から

■**終戦後の天皇制廃止論**
終戦直後は、欧米や中国、ソ連などで天皇制廃止を求める声が強く、天皇を戦争裁判にかけるべきであるという決議も提出された。しかし、一九四五年九月二七日に天皇と会見したGHQのマッカーサー元帥は、その三日後、天皇の戦争責任を否定。のちに回想録で「目の前にいる天皇が、日本における最上の紳士であると感じたのである」と語った。

の自然、歴史、伝統によって生まれてきた天皇制を大切にすることなのでしょう。

問題は、古より育んできた伝統や文化を中断してしまったり、忘れてしまったり、捨ててしまったりしている国が、世界に数多くあるということです。ヨーロッパでも、数千年と続いている国はありません。侵略されたり、征服されたり、民族ごと移動してきたり、国そのものが変化しています。日本のように二千年にわたって一つの政体が続いている国というのは、世界の中では本当に稀です。二番目に長いのがデンマークの皇室で、千年くらい続いていますが、他の国は、せいぜい百年か二百年です。ですから、天皇制が二千年以上続いているということそのものが、世界でも奇跡的なことであり、だからこそ、日本という国は、それを大切にしていかなければならないのです。

先ほど述べた通り、天皇の本当の仕事は、日本国の大神主です。国民の平安と幸せをただ祈る存在であるからこそ、国民は天皇という存在を大切にしたいという思いを抱いてきた、という類い稀な事例なのだと思います。私たちはこの奇跡のような歴史が与えられたことに対して深い感謝の念を抱くべきであり、その感謝の念の上に、この日本という国が世界において果たすべき役割を考えていくべきなのでしょう。

■デンマークの皇室
文献に現れる最も古い王は、六世紀頃のフグレイクであるが、現在の王室との直接のつながりが確認できる最初の王は、九世紀末に生まれたハーデクヌーズ一世とされている。現在の国王は、マルグレーテ二世(女王)。

正式参拝のために記帳する下村大臣

二十一世紀のリーダーシップは、謙虚さ

そして、日本における天皇陛下や皇室の方々の姿を見ていると、そこには、「日本型リーダーシップ」と呼ぶべきものが象徴的に現れています。日本型リーダーシップとは、次の一言で表されるものです。

「千人の頭（かしら）となる人物は、千人に頭（こうべ）を垂れることができなければならぬ」

すなわち、千人の会社の経営者であるならば、千人の社員に対して頭を垂れる、謙虚な思いと感謝の心がなければならない。同様に、日本国一億三千万人のリーダーであるならば、一億三千万の人々に頭を垂れる、謙虚な思いと感謝の心がなければならない。そう明確に言い切るのが日本におけるリーダーシップの精神です。

天皇家の方々の言葉や姿勢から伝わってくる慈愛や愛念のようなものがあります。それは、将軍のような権力者から伝わってくるものとはまったく違います。一国の中心に象徴的に立たれる方が、民を愛するという教育を幼少の頃から受けて来られたとき、その慈愛や愛念が静かに纏う謙虚な思いや感謝の心。それが言葉など必要ないほどに伝わってくるのです。そして、こうした日本型リーダーシップは、権力と権力が

ぶつかり合う現在の世界の姿を見るとき、世界がめざすべき二十一世紀の新たなリーダーシップの在り方として、大切なことを教えてくれているように思います。

日本的なリーダー

すなわち、最近の日本では、「どうすれば、強力なリーダーシップを発揮できるか」とか、「どうすれば、相手を説得できるか」といった、欧米的・操作主義的なリーダーシップ論が目立ちますが、本来の日本的な考え方とはまったく逆です。日本では、共に歩む人々に対して、心の中で深く手を合わせることができる人物に、天がリーダーの役を与えることがあるとの思想があるのです。例えば、親鸞には多くの信者がいましたが、「親鸞、弟子一人も持たず」と言い、親鸞は信者の方々を「御同行」と呼びました。すなわち、すべての人々は、共に真理を求めて歩む人々、同じ道を歩む人々であると考えていたのです。このように、日本におけるリーダーシップの精神は、世界に誇るべき深みを持った精神なのです。そして、二十一世紀に、価値観の異なる世界の国々が集まって調和した歩みをしていくためには、こうしたリーダーシップの精神こそが求められていると思います。

■親鸞(一一七三－一二六二)
浄土真宗の祖。九歳で出家し、その後二九歳のときに法然の念仏の道に入る。その後念仏集団の隆盛が後鳥羽院の怒りに触れて越後に流罪となる(承元の法難)が、同地で布教を続け、その後東国でも布教を行った。六二歳のときに京都に戻り、多くの書物を執筆した。

かつて、臨床心理学の泰斗であり、文化庁長官も務められた河合隼雄さんは、日本における リーダーの姿を「中空構造」という言葉で表現されていましたが、日本においては、優れたリーダーであればあるほど、究極の姿は、この人物がリーダーだと思えないようなところまで、存在感が消えていきます。傍にいると、この人物がリーダーだとは思えないが、何かの徳を感じさせる人物であり、この人物の存在で人々がまとまっているという、目に見えない力を持っている。そういった逆説的なリーダーシップの世界があります。現在の日本に、そこまで優れたリーダーが存在するかどうかは別として、日本においては、リーダーというものは、究極、自分の役割を滅していくことが目的であるといった深い思想があります。

本当の自信から生まれてくる謙虚さ

政治を司る者として、私たちは、「日本は国家としての自信が失われているのではないか」という批判を受けることがあります。ここ数十年の政治や外交を見ていると、そういう側面があったかもしれませんが、日本は本来、聖徳太子の言葉、「日出ずる処の天子」という矜持を持った国です。言葉の本来の意味での自信と謙虚さを

■河合隼雄
（一九二八—二〇〇八）

心理学者。京都大学名誉教授であるほか、文化庁長官も務めた。日本にユング派分析心理学を紹介し、心理療法の分野で多大な貢献をするとともに、臨床心理士の資格整備を行った。

■日出ずる処の天子
六〇七年に、聖徳太子が小野妹子をはじめとする遣隋使を派遣した時の信書の内容である。隋書倭国伝に「日出ずる処の天子、書を日没する処の天子に致す」（日の昇る国の天子が日の沈む国の天子に書を認める。）という一節があり、隋の煬帝はこれを無礼として激怒したとある。

持った国です。

　先ほどの河合隼雄さんが、「人間というのは、自分に本当の自信がないと、謙虚になれない」ということを言われていましたが、これは人間論だけでなく国家論としても当てはまることです。自分の国の文化、思想、精神に本当の自信がなければ、謙虚さと寛容さを失い、他国の文化、思想、精神を受け入れられなくなってしまいます。自分の国の価値観に自信がなければ、他国の価値観が入ってくると侵略されそうな恐怖が生まれるからです。しかし、自国の中に確固とした価値観があれば、逆に、他国の価値観を謙虚に学び、受け入れることができるのです。「和魂洋才」という言葉がありますが、これは、すなわち、「和の魂」のところに根本的な自信があることを意味している言葉です。他国のものを柔軟に取り入れたとしても、決して自国の基軸を失うことはないという強い自信。これは、いわゆる欧米的な「俺が強い」という自信ではなく、深い謙虚さと高い精神性に裏打ちされた自信なのです。

文化を受け継ぐ

世界の文化を受け入れ、伝承する知恵

四月に、ベトナムのフエという地で、ＡＳＥＡＮ＋３文化大臣会合が開催され、私も出席しました。その後、参加した全十三カ国が各国の芸能を披露し、ベトナム国内でも、国営放送で二時間生放送されました。各国が誇る文化芸術をそれぞれ十分ぐらいずつ披露したのですが、日本以外の国では、その国のトップアーティストなのでしょうが、ポップカルチャー的な美しく若い女性が出てきて、パフォーマンスをしたり、歌を唄ったりしました。しかし十三カ国中、唯一日本だけ、出てきた人たちの平均年齢が七十歳過ぎだったのです。「南都楽所」というＮＰＯグループで、雅楽を演奏していました。他の出演者と比べたら、「南都楽所」のメンバーは、失礼ながら、若くはない。しかし、その存在感は、他を圧倒していたと思います。

■ＡＳＥＡＮ＋３
東南アジア諸国連合（ＡＳＥＡＮ）一〇カ国と日本・中国・韓国を加えた地域協力の枠組み。一九九七年のアジア通貨危機を機に開始された。

■雅楽
日本の雅楽は、中国やベトナム、朝鮮をはじめとするアジア諸国の音楽や舞と、日本古来の音楽が融合して完成した。そのうち、ベトナム（林邑）の僧仏哲らが奈良時代にもたらした雅楽を、林邑楽という。

なぜ圧倒したのでしょうか。それは、八世紀の雅楽がそのままの状態で残されていて、衣装も当時のとおり、そのままで演奏したからです。実は、日本に雅楽を持ってきたのはベトナムのお坊さんです。しかし、そのことをベトナムの人々は知らないし、ベトナムでは廃れています。本当はベトナムのものであるにもかかわらず、日本にしか残っていないのです。

このように、世界中のいろいろなものが日本に入ってきて、良いものを残しつつ、咀嚼して、次第に日本の文化そのものになっていったのですが、それが可能になったのは、日本という国の体制が、これまで変わらないで続いてきたからです。例えば、中国四千年の歴史といっても、実際には現在の中華人民共和国は七十年ぐらいの歴史しかなく、四千年、五千年前のものはほとんど失われています。ですから、唯一日本だけに残されているというものは、文化芸術の分野では、相当な数があるはずです。

文化を継承し、続ける

このようなことが可能になったのは、地理的な要因も重要な役割を果たしています。日本は東の果てなので、世界中のいろいろなものが最後に集まります。日本は文化を受け入れるだけで、太平洋を越えて文化をさらに伝えていくことはありませんでした。しかし、外国の文化を受け入れながらも、日本の古来の伝統文化と組み合わせて新たな日本の文化として、途中で中断をすることなく、ずっと継承しています。

その象徴が、伊勢神宮です。なぜ象徴かというと、先にも言いましたが、二十年に一度、式年遷宮を通じて御社を変えているからです。神の居場所は一カ所だから、本当ならば、わざわざ二カ所に変える必要はなかったはずです。しかし、日本の文化伝統を残し、技術を継承するには、こうするしかなかった。定期的に、お社を建て替え、装飾品をすべて新たに作るという事業を行うことで、あらゆる分野の職人を育て続けなければならない環境をつくりました。この儀式がなければ、日本の文化は継承できなかったし、千三百年前の歴史は今に残らなかったでしょう。

このように、文化を継承する仕組みを作りながら、中断させることなく続けていく、それが、日本という国の国柄そのものだと思います。そして、これが可能になったのも、やはり皇室があったからだと、私は考えています。根本の部分に基軸がないと、いろいろなものを受け入れても、逆にそれに影響されてしまい、どこに行くかわからなくなってしまいます。しかし、日本には皇室という根本の基軸がありました。神武天皇から数えて今の天皇陛下が百二十五代目にあたりますが、こういう万世一系の安定した皇室という存在が、日本の根本にあります。それが同時に、二千年以上、

■**神武天皇**
古事記、日本書紀に登場する初代天皇。高千穂宮から東征し、橿原宮で即位したとされる。

文化伝統を継承するための背骨となっています。

NASAの長官に教わったこと

これと対照的な話を、アメリカで、NASAの長官と話をしたときに教わりました。NASAは今から四十五年前に、アポロ計画で月に人を送りましたが、そのときよりも科学技術は相当に発達しているにもかかわらず、今は月に人を送れない、というのです。なぜなら、技術を継承していないからです。科学はどんどん発達しているにもかかわらず、四十五年前に月に人を送った当時の職人のノウハウが伝承されていないために、今すぐに月に人類を送ることは、もうできないのです。もちろん、コンピューターをはじめ、科学は当時と比べて相当に進歩しましたから、ゼロから訓練すれば、十年後に送ることはできるかもしれませんが、明日送るというわけにはいきません。技術の継承がなされていないからです。

一方、この日本という国では、技術の継承が延々と続いています。それは日本の奇跡であると同時に、世界の奇跡、人類の奇跡とも言えるのではないでしょうか。そして、我が国は、このことを単に技術論として誇るだけでなく、文明論として、世界に

■アポロ計画
アメリカ航空宇宙局(NASA)による月への有人宇宙飛行計画。一九六一年から七二年にかけて、計六回の月面着陸に成功した。

発信して行くべきです。現在、人類全体の文明が危機に直面している時代だからこそ、それを発信していかなければならないと、私は思っています。

「暗黙知」の伝承が巧みな日本の文化

では、なぜ日本は、時代を超えた技術の伝承ができるのか？　その一つの理由は、技術の伝承とは、言葉にならない「智恵」、すなわち「暗黙知」の伝承だからです。そして、西洋では、言葉で表される書物を通じて「知識」を伝えていくことが重視されてきましたが、東洋や日本では、言葉で表せない「智恵」を、直接、人から人へと伝えていくことを大切にしてきました。

例えば、禅においては、禅問答を通じて師が弟子に「暗黙知」を伝えていきます。禅問答では、師は答えを直接教えることはありません。容易には答えを出せない問いを弟子に投げかけ、弟子は智恵を振り絞って考え尽くす。そのプロセスの中で、悟りの境涯を伝えようとするのです。また、禅においては、言葉に頼らず智恵を掴む「不立文字《ふりゅうもんじ》」の精神が語られ、ただ座ることに徹するだけで智恵を掴む「只管打坐《しかんたざ》」という精神が語られます。

■禅問答
禅宗において修行者が悟りを開くための問い。これらの問いは、論理的に考えても決して解けないような難解なものだが、長年考え続けることにより解答を得て、その時に悟りが開かれると言われている。

■只管打坐
「只管」はひたすら一つのことに専念すること、「打坐」は座禅をすること。特に曹洞宗では只管打坐を重視する。

あの東京大学の先生が伊勢神宮へ行くことを勧めてくれたのも、神道とは何か、日本的精神とは何か、日本文明とは何かということを、言葉で伝えるのではなく、ただ伊勢神宮に行くという行為を通じて、「暗黙知」として掴むことを教えてくれたのでしょう。

さらに言えば、実は神道そのものが「暗黙知」なのです。神道は、宗教としての理論体系を構築せずに今日まで伝えられてきました。それを理論中心の西洋的な視点から見れば、「神道は中身がない」という批判になるのかもしれませんが、神道とは理論を超えたものだからこそ、あえて理論体系を構築せずにきたわけです。二十一世紀は、なぜ神道が今の姿なのか、その理由が理解される時代になるでしょう。

内宮神楽殿の中庭を望む縁側にて
今日の世界、アジア、そして日本を語り合う、下村大臣とジョン・パン氏

モダニスト福沢諭吉

もちろん、すべての日本人が、「暗黙知」の重要性を理解してきたわけではありません。今の一万円札の肖像画に描かれている福沢諭吉は、近代日本の祖といってもいい人物ですが、諭吉は子供のころ神社に行き、神様がいると思って中を見てみたら、何もいないので、石ころを置いて帰ってきたというエピソードがあります。そこで諭吉は神社を否定して、中身がないものを拝んでいる、単なる風俗のようなものだと言ったのです。

諭吉は、日本の近代化の立役者です。日本は遅れている、近代化を急ぐためには西洋の科学を学ばなければならない、と考えたのです。たしかに西洋の工業は経済発展の原動力ですから、当時の諭吉の考え方は大変重要な意味を持っていましたが、現在は、その方向性がある意味で限界に来ていると思います。諭吉の考え方も大切ですが、同時に、「目に見えない大切なものもある」ということを二十一世紀を生きる人類が理解しなければ、西洋的・近代的な考え方の限界を決して超えられないでしょう。

人間の精神の成熟とは、目に見えないもの、目に見えない価値が見えるようになることです。子供の頃の諭吉は、扉の中に何か目に見えるものがあるはずだ、神は目に

■福沢諭吉
（一八三五―一九〇一）
明治時代の教育者、思想家、慶應義塾を創設するほか、専修学校（後の専修大学）、商法講習所（後の一橋大学）の創設にも寄与した。文明開化の中で知識人の間でキリスト教への関心が高まっていたが、福沢は、イエスを道徳者として評価するものの、キリスト教に傾倒することはなかった。一方で、人間を超えた存在として「天」や「天道」を認めており、日本的な宗教観や無常観へ共感していたことが覗われる。

見えるものだと思っていたわけですが、人間は、精神が成熟すると、そこに何もなくても、何かが感じられるようになっていきます。子供の未成熟な精神は、「目に見えるもの」しか見ない傾向があります。ですから、教育においても、早い時期に、「目に見えない大切なもの」があることを教えることが必要ではないでしょうか。

諭吉も後年には、仏教徒とキリスト教徒の違いは、緑茶と紅茶みたいなもので、そう大きく違いはないが、そのお茶の味を楽しめるかどうか、というところが重要なのだ、ということを言っていて、宗教が社会的には重要だという趣旨のことを言っていますから、見えないものの大切さに気づいたのだろうと思います。

「日出ずる処」の誇りを取り戻す

諭吉が生きた明治維新の時代から、太平洋戦争を経て、今私たちは、戦後七十年を迎えようとしています。この戦後の期間は、我が国の永い歴史の中でも、特別に異常な期間であったと思っています。一つにはGHQの政策の影響と思いますが、「日本は侵略戦争をした、間違った国である」という歴史観があまりにも強調され、日本という祖国に対する自信や誇りが失われ、日本人の精神的破壊が進んでいった期間だったからです。特にバブル崩壊後の日本は、失われた二年と形容されるように、経済的な意味でも自信を失い、あたかも暗闇の中をあてどなく彷徨っているような状況です。社会的にも、伝統的な日本の精神からは考えられないような事件が起こっていますし、外交においても、アジア諸国へのいわゆる「謝罪外交」が続いた時期がありました。この日本という国は、このような自信喪失の状態から脱却し、かつての誇りを取り戻し、世界に貢献していかなければなりません。

　もともと、日本は小国であっても誇りを持っていた国です。聖徳太子が「日出ずる処の天子、書を日没する処の天子に致す。恙無《つつがな》きや」という書き出しの国書を送り、隋の煬帝を激怒させたという故事がありますが、これは、隋という国が飛鳥時代の日本とは比べものにならない大国であることを、聖徳太子が知らなかったからではありません。聖徳太子は、隋の文化がいかに優れたものであるかを熟知し、自らもそれを熱心に学ぼうとしていました。しかし、たとえ小さな島国であっても、我が国は隋の属国ではないという、誇り高い独立自尊の外交を展開したのです。今、我々日本人に求められているのは、まさにこの矜持と気概を取り戻すことであると思います。

■謝罪外交

　謝罪外交の代表的なものに、村山総理が一九九五年に発表したいわゆる村山談話がある。「戦後五〇周年の終戦記念日にあたって」と題されたこの発表では、「わが国は、遠くない過去の一時期、国策を誤り、戦争への道を歩んで国民を存亡の危機に陥れ、植民地支配と侵略によって、多くの国々、とりわけアジア諸国の人々に対して多大の損害と苦痛を与えました。」とし、「痛切な反省の意を表し、心からのお詫びの気持ちを表明いたします。」と述べている。

鳥羽湾に昇る朝日を拝む

第2章

熊野大社——世界との共生

熊野大社を訪ねて

鏡に映る神

私は、伊勢神宮に参拝される方や熊野を旅する方には、ぜひ、熊野本宮大社、熊野速玉《はやたま》大社、熊野那智《なち》大社も参拝されるよう、勧めています。それは、これらの場所が、日本が古来より育んできた文化を五感で感じることのできる最適の場所だと思うからです。熊野までは、伊勢から県境を越え、相応の移動距離があるのですが、この場に立っていただければ、その意味を、必ず理解されることと思います。

さて、良く知られているように、伊勢神宮は自分個人のことを祈る場所ではなく、国家や世界の平和を祈る場所です。これに対

伊勢から熊野へ移動するバス
の中でも取材はつづく

して、熊野大社では、自分個人のことを祈ることができます。本社を訪れてみると、他の神社ではあまり目にしないことですが、社の外に鏡が置いてあります。参拝する場所の正面に大きな鏡がつり下げられ、私たちはその大きな鏡に向かって祈るような形になります。これもご承知の通り、鏡というものは、神社では大変重要な位置付けにあります。

神社における「鏡」の話として興味深いのは、その「読み」です。「かがみ」という読み仮名の真ん中の「が」を取り去ると、「かがみ」は「かみ」になります。すなわち、鏡から「が＝我」を取り去ると、「かみ＝神」が残るのです。鏡に映る自分の姿は変わりませんが、私たち一人ひとりは、自己中心的な我を取ると、神と一体となれることを、鏡が象徴的に表しているのです。まさに、そういう存在として、神社に鏡がある。神は、実は自分自身でもあるということなのです。

この神社のような空間が世界の中で一番多いのは、実は日本です。ですから、海外の方も、一度日本を訪れて、こういう神社を訪れれば、何かの啓示を受ける経験をされるでしょう。ここ熊野本宮大社は、よみがえりの場、新しい人生を出発する場といわれますが、新しい人生は、天が与えてくれるものや、他人が与えてくれるものではなく、自分自身が気づき、発見していくものです。そして、心が純粋であればあるほど、その気づきを得るチャンスも広がるのではないか、と思います。

■よみがえりの場
熊野の「くま」は、「神」を意味するとされており、「熊野」は「神のおわす奥まった地」という意味。また、熊野には「黄泉の国」の入り口があるとされており、熊野参りは、一度、黄泉の国に触れて、生まれ変わって現世に戻ってくるという象徴的な意味を持つ。

神社の効能

とはいえ、神社に来られる方の多くは、何か助けてもらいたい、救われたい、あるいは、人生の困難を克服させてもらいたい、という思いで来られるのかと思います。

二〇一一年三月十一日の東日本大震災は、日本人にとっては大切な学びのときでした。屋根があり、家があり、布団に寝られて、三度の食事も食べられる。普段、それは当たり前と思っていて、それに対して特に感謝もしてこなかった。しかし、東日本大震災によって、実はそういうことさえ、奇跡のように有り難いことなのだと、被災者だけでなく多くの日本人が感じました。電気が使えることも当たり前と思っていた。しかし、それも当たり前ではありませんでした。

このような困難に直面したとき、何か精神的な拠り所を求めて神社に来る。そのとき、人間の精神は成長します。また、人生の苦労を背負うとき、心の癒しを求めて神社に来る。そのとき人間の精神は深まっていく。神社とは、そういう場だと思います。そして、その体験を知っている人が、友人や知人に伝えることによって、さらに多くの人々が、その体験をする。だから、海外の人々も、日本を訪れたとき、美味しい和食を楽しんだり、東京でショッピングを楽しむのもよいのですが、併せて、こういう伊勢や熊野など日本の神社仏閣を訪れてみれば、何か精神的なものを感じられることでしょう。それは、ときに、自分の内面を見つめる精神的な旅になるかもしれません。我が国の神社とは、そうした意味で、現代の聖地と言えるのかもしれないですね。

私自身、今回の熊野本宮大社でも、神殿の前に立つと、自分の魂が自分から抜け出して神様の建物の方に入っていったような不思議な感覚を覚えました。文字通り、畏敬の念を覚えた参拝でした。

「山、また山の向こう」と称される熊野は、山林が90％近くを占める

熊野から、改めて教育を考える

これからの時代に求められる教育とは

熊野は、世界遺産に登録されてから、修学旅行生も増えたそうですが、日本全体では、残念ながら、修学旅行で神社仏閣にはあまり行かなくなったようです。しかし神社仏閣に来ることによって、子供ながらに神社という空間の静謐で神聖な空気を感じる経験を持つことは、とても大切なことだと思います。

かつてベストセラーになった本に、藤原正彦さんという数学者が書いた『国家の品格』という本があります。その中で、天才を育てる条件を挙げています。その第一の条件として、美しい自然環境を見せる、と書かれています。

今の教育は、いわば「インプット教育」と呼ぶべきものであり、いかに知識を頭に入れるか、暗記や記憶が中心となっています。たしかに、二十世紀の工業社会を支え

■天才
『国家の品格』は、国の力の源を天才が生まれることと定義し、日本には天才を生む土壌がそもそも備わっていたと説く。その土壌とは、①美の存在、②何かに跪く心、③精神性を尊ぶ風土である。

■坂の上の雲
司馬遼太郎の長編小説の題名。明治維新後の日本が手を伸ばして自分のものにしようとした、欧米の近代国家のこと。

る人材作りとしては、欧米の知識を積極的に学び、左脳の発達している人間を育てることが大切でした。しかし、今の日本は、世界の最先端の国になり、欧米から学べば前に進める時代ではありません。いわば、目指すべき「坂の上の雲」が無くなっているのです。将来のビジョンや目標を誰かが示してくれて、それを目指して進めばよいという時代ではありません。

熊野三山の一つ熊野速玉大社

従って、今一番大切なのは、自らビジョンや目標をどう作っていくかということであり、目の前にある課題をどう解決していくか、そういう能力です。

そうすると、これまでの教育のような「インプット教育」では通用しません。「アウトプット教育」が必要です。英語の「エデュケーション」という言葉には、「引き出す」という意味があります。つまり、子供たちの想像力や創造性を、どう引き出すかということが「アウトプット教育」なのです。そして、実は、神社や仏閣などの空間、こういうパワーのある空間に子供たちが訪れる機会を持たせることが、子供たちにとっては、内面的な可能性を開花させる良い機会になるのではないかと思っています。そして、子供たちの情操教育にも良いでしょう。

「想像力や創造性を重視した教育」ということは、よく言われますが、その多くは、「問題解決を中心とした教育」といったレベルにとどまるものが多いようです。しかし、神社や仏閣を訪れるといった教育は、子供たちから、最も深いレベルでの想像力や創造性を引き出すものになると、私は感じています。特に、瑞々しい心の時代に、美しいものや精神的なものを見たり感じたりする体験は、深いレベルで、子供たちの可能性を開花させていきます。

■エデュケーション
「エデュケーション」の語源は、ラテン語の「エデュコ(引き出すこと)」。

学校側も意識改革を

しかし、いま私が申し上げたことに対して、学校の多くの先生方は懸念を示されるかもしれません。神社仏閣に参拝することが、特定の宗教を強制することになるのではないか、という懸念です。しかし、私が申し上げたいのは、特定の宗教の押し付けではなく、永い歴史と伝統を持つ宗教的な空間を、子どもたちに体験させてあげるということの大切さです。ところが、最近では、伊勢神宮に修学旅行で来ても、鳥居の前で解散して、参拝するかどうかは生徒たちの自主性に任せるという学校も多くなっています。そうすると、内宮や外宮を参拝せず、おかげ横丁に寄ってお土産を買って帰ってくるだけという生徒がたくさん出てきます。せっかく素晴らしい場所に来たのに、惜しいことだと思います。

これは日本だけでなく先進諸国すべてに言えることですが、近代工業社会を支えてきた学校教育は、

熊野速玉大社の参道にて。
下村大臣とジョン・パン氏の
上空に舞う二条の昇龍

二十世紀までは大成功しています。そういう教育を受けることによって、就職することができ、社会のために働くことができる。そういう人材を育てたという意味では大成功したわけです。だから、「インプット教育」にも歴史的な意義はあったと思います。しかし、二十一世紀の先進諸国は、近代工業社会を脱し、高度知識社会になっています。そうした社会においては、従来のような学校教育では、社会に貢献することも、活躍することもできないのです。なぜなら、近代工業社会が求めた人材は、「答えの有る問題」に対して、いち早く答えを出せる人材、いわば「高い知能」を持つ人材でしたが、いま、高度知識社会が求めている人材は、「答えの無い問題」に対して、想像力と創造性を駆使して答えを見出していく人材、いわば「豊かな知性」を持つ人材だからです。しかし、現在の日本の学校教育では、「知能」を鍛えることはできても、「知性」を磨くという教育がなされていません。その意味で、教える側の根本的な意識改革が求められているのです。

現在の学校教育において、もう一つ大切なことは「自己肯定感」の教育です。日本の小中学校の教育は、学力的にはＯＥＣＤ諸国の中でトップに位置していますが、そういう子供たちが高校一年生になって、どんな自己認識を持っているのかを、アメリカ、中国、韓国、日本の四カ国で調査をしたところ、「自分はだめな人間だと思う」「自分はだめな人間だと時々思うことがある」という問いにイエスと答えた高校一年

■「高校生の生活意識と留学に関する調査」
（財）日本青少年研究所が二〇一二年に行った調査では、日本の八三・七パーセントの高校生が自己否定感を持っていた。一方、この数字はアメリカでは五二・八パーセント、中国では三九・二パーセント、韓国では三一・九パーセントとなっている。

生が、日本では八四パーセントもいました。四ヵ国の中で圧倒的に多い数字です。つまり、知識と知能偏重の詰め込み教育は世界で一番成功していても、競争原理の中で、まだまだ自分の能力は他の人よりも劣っているという思いが助長され、子供たちは健全な「自己肯定感」を持てず、自分を幸せだと思えていないのです。

インプット教育から、アウトプット教育へ

もちろん私は、知識を学び、知能を高める教育を否定するわけではありません。しかし、これからの学校教育において求められるのは、子供たちが自己発見と自己実現をできる機会を提供することでしょう。それができなければ、子供たちは、自分はだめな人間だと思いながら人生を送ることになります。そうした不幸な人生を送らせないためにも、従来の学校教育は、大きく変わらなければなりません。

具体的には、三つの能力を育んであげることです。第一が、困難な問題を自ら解決していこうという主体性です。第二は、前例の無い困難な問題に、斬新な解決策を見出していく創造性です。そして、第三は、周りの人々と心を一つにして問題に取り組んでいく優しさや温かさなどの人間性です。しかし、現在の学校教育で、数学や英語

や国語などをいくら勉強しても、そういう能力は身につきません。こういう能力を、これからどのようにして身につけさせてあげるかは、これからの日本の学校教育の最重要課題でもあり、世界の先進国全体の重要課題でもあります。

しかし、実は、日本が知識中心・知能中心の教育をしてきたのは、ここ百五十年ぐらいのことで、それ以前はそういう詰め込み型の教育をしてきたわけありません。従って、昔の教育のあり方に遡ることで、新しい時代の教育についての深い示唆を得られるはずです。その一つとして、こういう神社のような、歴史を重ねた素晴らしい空間を子供たちに体験させてあげることも、生きる力を育むきっかけになると思います。

最近では、夏休みに神社に行っても、境内に子供たちの姿があまり見当たりません。昔は、セミやトンボを採るためにカゴを持って神社の境内で遊んでいたものです。神社は涼しかったし、自分たちの庭のように感じていました。しかし、いまは、子供たちは家の中でゲームを楽しみ、自然の中で遊ぶことの良さを忘れてしまっている感じがします。大人も、年に何度か、お祭りなどで神社に行き、屋台で色々なものを買ったりしながら、地域の人同士が心の触れ合いをしていたのですね。神社もお寺も、かつては、そういう役割を果たしていたのですから、この空間をもっと生かしていければいいですね。

熊野本宮大社の九鬼家隆宮司とともに

共生の知恵

数が合わない熊野神社の末社

ここで、熊野にまつわる面白い話をご紹介したいと思います。

熊野には、熊野本宮大社のほか、熊野速玉《はやたま》大社、熊野那智《なち》大社と三つの神社があり、総称して熊野三山と呼ばれています。熊野に祀られている神様を熊野権現と呼んでいますが、かつて念仏聖《ねんぶつひじり》や比丘尼《びくに》と呼ばれる方々が絵解きをしながら民衆に熊野権現の信仰を広めていき、全国に熊野神社の末社が建てられています。

現在残っている末社は三千数百社あるとされていますが、それでは、それぞれの末社は、三つの大社のうちどこに属しているのでしょうか。実は、速玉大社にも那智大社にも、三千数百の末社があると掲示に書かれていますし、熊野本宮大社も、やはり末社は三千数百といっているのです。一つの末社が三つの大社すべてに属することはあ

■比丘尼
比丘尼とは、本来女性の仏弟子のこと。中世には、熊野権現の布教を目的として絵解きをしながら諸国をめぐる熊野比丘尼が現れた。

りませんので、これでは計算が合いません。

不思議に思って、十年ぐらい前に、地元の東京板橋で、熊野神社と名のつく神社がどのくらいあるかを調べてみました。すると、十二、三社あります。それで、一社一社の宮司さんに、この熊野神社の本社はどこですかと聞いてみました。すると、熊野本宮だというのが八割ぐらい、那智大社とおっしゃったのが二、三社。あとは、よくわからない、というところもありました。この調査だけではもちろんはっきりしませんが、実際のところは、全国の熊野神社の多くが熊野本宮を本社と仰いでいるのでしょう。

熊野本宮大社での
正式参拝

■宮司

宮司は神社の長であり、神社の祭祀を執り行うとともに、神社の代表役員として全体の管理に当たる。宮司になるには、所定の研修を受けて、一定以上の階位を受ける必要がある。一般的には、神道学科のある大学（皇學館大学と國學院大學の二つ）に通う。

相手を殺さず、互いを生かし合う

もちろん、熊野三社のうちどこが一番、二番なのか、白黒をつけてはっきりしなければならないというような問題でもないのですが、ただ、これが西洋であったなら、三社が権力闘争を経て一つになり、例えば、熊野本宮がやはり総本山だ、速玉や那智はその下だというふうに格づけがされたのではないでしょうか。

しかし、千五百年以上ずっと共存共栄してきて、それでいて互いに相手に屈服したわけではない。それぞれが「自分が本社だ」と言っても、相手が言っていることは間違いだと一々抗議をしたり、文句を言ったりしないできたというのは、まさに日本の共存共栄の思想で、お互いを生かし合う叡智なのではないか、そう思えてなりません。

これを悪く言えば、「いい加減だ」と捉えられるかもしれませんが、日本的に言えば、「それによって生かし合っている」ということかと思います。相手を否定しないわけです。ここが本社、と決めてしまえば、他は本社ではなくなるわけですから、相手を殺してしまうことになります。敢えて玉虫色のままにしておき、お互いに生かし合っている。その意味で、熊野三社の存在そのものが、日本の象徴ではないかと、私は思っているのです。

「あいまいさ」は、共生の知恵

そういう意味で、日本は「あいまいさ」を大切にする国です。それは、人間同士が共生していくための叡智であると思います。「白黒をつける」という考え方をしない。これは、ビジネスの世界でもそうです。例えば、「本部長付」など、いろいろな役職を作って、見方によれば、あの人は部長にならずに本部長付になったということは、出世コースから外れて少し祭り上げられたかな、と思っても、あまりそういうことをあからさまに言いません。本部長付の人は、自分には本部長を補佐する役割があると思っているし、上からそう言われてもいる。部長でラインに立つ人は、自分はこの部に責任を持つと思っている。それぞれに、その人なりの存在意義があると思える。日本は、そういう「あいまいさ」を大切にしていますね。だから、自分がリーダーだとか、誰を中心に動くとか、ということをあまり言わないのは、日本人の叡智ではないかと思います。

特に、これからの時代は、世界全体で、そういう叡智が求められる時代だと思います。「白黒をつける」という発想で解決不能なことは、世界中にたくさんあります。それを無理に解決しようと思ったら、紛争や戦争しかない。だから、「あいまいさ」

によってお互いに生かし合うということを大切にする日本的な考え方は、「いい加減さ」ではなく、解決困難な問題に処する一つの叡智なのだと思います。まさに解決困難な問題が山積している世界においては、日本がこの「あいまいさ」の叡智を伝えなければ、七十億の人類が、互いに生かし合ってこの地球上で暮らしていくことはできないでしょう。

「あいまいさ」の叡智と言いましたが、どこまであいまいにして、どこまで明確にするか。それを見極めることができるのが、成熟した文化なのだと思います。未熟な文化は、あいまいにしておくべきところを明確にしようとして、かえって問題をこじらせてしまいます。いわゆる「原理主義」は、その典型的な例です。それは、「共生」の正反対の思想といえます。

神を父として、仏を母として

熊野本宮の境内の掲示板には、「神を父として、仏を母として」という言葉が掲げられています。この言葉を見ると、日本人として、本当に心が安らぐ気がします。私は神道です、あなたは仏教です、というように決めてしまわない。むしろいわゆる本《ほん》

■本地垂迹
日本の八百万の神々は、仏の化身として日本の地に現れたもの（権現）であるとする考え方。「本地」とは本来のあり方、「垂迹」は「仏が現れる」ことを言う。また、「権現」とは、仮に現れるという意味。仏教が広まる際に、日本古来の宗教と一体化して生まれた神仏習合思想。

地垂迹《じすいじゃく》の伝統が持つ叡智の表れだと思います。本地垂迹というのは、仏教が盛んになった時代に、日本の八百万の神々は、実はさまざまな仏の化身・権現なのだ、という考え方です。その考え方によると、ここ熊野の神は、阿弥陀如来《あみだにょらい》の権現したものだ、ということになります。これは、宗派がその教義の違いを理由に衝突することを避ける、日本的な叡智だと思います。

ところが、例えば、アメリカに行くと、ホテルの壁には教会の一覧表が書き出されています。宗派ごとに行くべき教会が全部書いてあって、ホテルに泊まる旅行者は、週末、自分はどの宗派だから、どの教会に行くかを決めるわけです。それも宗教というものの一つの在り方かもしれませんが、あまり宗派の違いというものを細かく考えると、何か考えが狭くなってしまう。小さな宗派の違いを超え、大いなるものの前では、敬虔なる気持ちでその場にいれば良い。そういった寛容な心構えを大切にする叡智が、日本人にはあると思います。

お天道さまが見ている

「白黒をつけない」という意味では、日本という国において話をするとき、「それは

■阿弥陀如来
大乗仏教の如来（仏）の一つ。「時空間の制約を受けない、無限の光を持つ仏」の意味。浄土真宗では、阿弥陀如来のみを信仰する。

法律に触れるから」という言い方は、あまりしないですね。「法律で白黒をつける」という考え方が強くないのです。むしろ日本で大切にされるのは、「法律に触れると罰される」という「罪と罰」の文化ではなく、「恥と美」の文化なのです。例えば、会社で部下を戒めるときも、「君、それは恥ずかしいことだよ」とか、「その仕事のやり方は、美しくないな」という、そういう言い方をします。そして、何が恥であって恥でないか、何が美しいか美しくないか、ということは、一人ひとりの心の中での対話に委ねるわけです。これは西洋の人々から見ると、非常にあいまいで、居心地が悪いかもしれませんが、日本人は、そういう「あいまいさ」の前で、精神を磨き、深めていくわけです。

私の祖母も、このことを的確に言っていました。祖母は、田舎の無学な人であり、農業をやっていた人なのですが、私の子供の頃から、「恥の文化」というものを端的に言っていました。それは、「お天道様が見ているよ」という言葉です。お天道様が見ているときにどうあるべきか、ということですから、法律に触れているとか触れていないとか、人が見ているとか見ていないか、ということではなく、天から見てどうなのかということが問われるわけです。「お天道様が見ているよ」と言われたら、いつも天が見ているから、人として、天、あるいは神様、仏様といったものに背かない生き方をしなければならないということを、子供心ながらに受け止めることができた。

■恥の文化
アメリカの文化人類学者ルース・ベネディクトが著書『菊と刀』で日本人を類型化した概念。ものの良し悪しを判断するときに、他人の目や評判を重んじる考え方。

■お天道様が見ている
「天道」は、太陽が空を過る経路を指す。「お天道様」は太陽を神格化した言い方であり、さらには神や仏を広く指す言葉でもあった。

熊野本宮大社の御本殿・神門・鈴門・瑞垣を一堂に見渡す

天照大神を祀る大四殿若宮

天須美大神を祀る第一殿と速玉大神を祀る第二殿がある結宮

祖母だけでなく、昔の人は皆、そういうふうに言っていました。そういう考えが当たり前の時代が、昔はあったわけです。そうした考えが無くなってしまったことが、いまの日本の問題です。

すべてを見通される場

神社や仏閣など、宗教的な場に立ったとき、すべてを見通されているような感覚になることがあります。それはまさに、「お天道様が見ている」という感覚かもしれませんが、これが宗教的な場の素晴らしいところだと思います。必ずしも、神様に祈ると願いをかなえてくれる場という意味ではなく、自分の姿が大いなるものによって、すっと見通される場としての素晴らしさなのです。仏教の弥勒菩薩は、ただ、すっと、静かに見つめています。文芸評論家の亀井勝一郎氏も、「仏の慈悲の力とは、すべてを見通す力である」とおっしゃっていますが、これは神も同じであり、すべてを静かに見通してくれる、しかし、見通されたとしても、罰を受けるわけではない。その見通されることによって、我々の心が、自然に良き方向に向かう。そうした場の力というものが、日本では、あるいは東洋では、とても大切にされています。

■**亀井勝一郎**
（一九〇七—一九六六）

若い頃はマルクス主義の影響を受けたがのちに文芸評論家となり、日本の古典や仏教に深い関心を寄せた。

共生をもたらすリーダーになるには

世界が気づきはじめた共生観

伊勢神宮、そして熊野大社に参拝して、まず日本人の原点が何であるのかを、改めて感じました。日本人は深い共生観を持ち、お互いに生かし合っています。これを聖徳太子は「和の精神」と言っていますが、これが日本らしさそのものであることを日本人が深く理解することが大切です。伊勢神宮や熊野大社は、そうした日本的精神を象徴する場ですから、やはり日本的な共生観が最もよく表れている場所なのではないかと思います。

では、世界の国々は、どれほど深い共生観を持っているのでしょうか。残念ながら、現在の人類は、まだ深い共生観に至っていないと思います。そもそも、これまでの人類の歩みは、互いに「自分たちの考えこそが正しく、正義である」という主張を

■**和をもって尊しとなす**　聖徳太子の十七条の憲法に見られる、協調の精神の大切さを説いた言葉。

ぶつけ合うものでした。そのため、自分たちの考え方を理解しない無知な人たちに対して、自分たちの考えを広げていくことが正義であるという思想が生まれたわけです。その一つの例が、かつてのキリスト教の姿でしょう。彼らは自分たちの宗教が最高の宗教であり、自分たちの価値観が最高の正義であると考え、キリスト教的価値観を広げることが世界の平和につながると考えたわけです。

しかし、人間の価値観は、必ずしも一つの物差しで測れるものではなく、世界にはいろいろな考え方があるわけです。私はキリスト教を否定するつもりはありませんし、グローバル化する世界の中で、キリスト教も進化していることを理解しています。ただ、私が申し上げたいのは、自分たちの価値観や正義で世界を一色にしようとすれば、そこには必ず闘争や戦争が起こるのであり、そもそもそういう一元的発想自体が無理な発想だということに、我々は、気がつくべきでしょう。

多様性ということを進化の原動力にしてきた日本

ただ、世界において異なった価値観が「共生」するということは、ただ、異なった価値観が「共存」するだけでは不十分です。異なった価値観が、互いに学び合うとき、そこに進化や深化が起こるのです。従って、日本には日本古来の価値観もありますが、日本人は自分たちの価値観だけが素晴らしく、他の国の価値観は受け入れないとは考えません。異なった価値観でも、良いものは柔軟に、積極的に受け入れてきました。それは、まさに「多様性」を受け入れていく姿勢です。最近の言葉で言えば、「ダイバーシティ」ということでしょうか。価値観の異なる人々が集まって議論したり、一緒に仕事に取り組むことによって、そこに新たな価値が生まれてくる。イノベーションが起こる。そうしたプロセスを大切にすることが、これからの人類社会において、ますます重要になっていくでしょう。

しかし、そうした「多様性の受容」という意味では、日本という国は、最も優れた文化を持っているのではないでしょうか。その理由は、日本は「八百万の神」という言葉に象徴されるように、多神教の国であり、また、仏教においても「大乗仏教」を教義とする国だからです。逆に言えば、キリスト教徒やイスラム教徒のように一神教の世界の人々は、自分たちの神が唯一最高の神であり、自分たちの宗教が最高の宗教であると考え、その神、宗教、価値観を他の国の人々にも広げていこうとします。この姿勢が、「多様性の受容」ということから大きく離れてしまい、異なった価値観の国同士の争いを生み出してしまう原因にもなっています。だからこそ、日本のように、「多様性」を認める文化を育んできた国は、歴史的にみても、これから世界にお

■ダイバーシティ
本来、アメリカにおいてマイノリティや女性が平等に働ける環境を意味していたが、現在ではさらに広がりを見せて、多様な価値観やライフスタイルを認める考え方を意味する。

いて大切な役割を果たしていくのではないでしょうか。

グローバル化する世界における紛争の最大の原因は、「相手を認めない」という姿勢です。例えば、中東のイスラム教文化は欧米のキリスト教文化を拒んで対立しています。そして、こうした二項対立においては、究極、片方が勝ち、片方が滅びるという結末、もしくは双方が滅びるという結末しかありません。しかし、日本が永い歴史の中で育んできた叡智は、片方が勝って片方が滅びるというような考え方ではありません。どちらも否定されず、互いに相手を理解し、平和的に共生をしていく叡智に他なりません。

実は、かの一遍上人は、神社である熊野本宮で悟りを開かれ、その後時宗（一遍宗）を興しています。神道の熊野本宮において仏教が生まれたということは、「多様なものの共生」ということの象徴で

熊野大宮大社がかつて在った大斎場の入口にそびえ立つ大鳥居

しょう。また、那智大社には、お寺が隣接しています。神道と仏教が同じ場所で祀られていることもまた、日本独特の現象です。東大寺の長老からも、神道と仏教は、人間が二本の足で立つごとく、日本人にとって、生きる上での足のような大切な存在なのだと聞いたことがあります。

日本は、そのような形で、すべてを包み込み、すべてを生かしながら、新たな芽を育み、新たなものを生み出してきたのです。それもまた、日本の共生観の真髄です。

いまこそ、日本的な価値観を発信すべきとき

従って、日本的な価値観を世界に広げていくということは、決して、日本が世界を征服するということではありません。世界に広げていくべき価値観は、こうした「多様性の受容」であり、「共生の思想」に他ならないのです。そして、人類全体は、この二十一世紀において、こうした「多様性の受容」と「共生の思想」を大切にしなければ、これ以上、存続していけない時代を迎えているのです。

「資源が無限にある」という幻想が許される時代は、すでに終わっています。環境

破壊も広がり、地球温暖化も進み、地球全体の気候がおかしくなっています。いずれにしても、これらは人類が引き起こしたものに他ならず、人類の生存のためには、人類自身の在り方が変わっていかなければならないことは明らかです。しかし、限られた資源、限られた空間において、互いを生かし合いながら共生していく叡智は、やはり、この日本にあります。なぜなら、昔から日本は狭い島国であり、限られた資源と限られた空間の中で多くの人々が共生していくための叡智を育んできたからです。良く知られているように、イギリスやフランスで、まだ下水道も整備されていなかった時代に、江戸という都市は、世界でも有数の環境共生都市を実現していました。こうしたことも含め、日本人は、永年にわたって培ってきた「共生の叡智」を、リーダーシップを持って、広く世界に発信していかなければならないと思っています。

しかし、日本のリーダーシップは、これまで世界をリードしてきた欧米型のリーダーシップではありません。「我々の考え方が正しいから、あなた方も我々の考え方に従いなさい」といった発想に基づくリーダーシップではなく、「互いに考え方が違うことを認め合い、互いの考え方を謙虚に学び合う」という思想に基づくリーダーシップなのです。そうした日本型のリーダーシップこそが、いま、世界に求められているのです。

■江戸時代の環境技術
江戸時代は鎖国のため、食料やエネルギーを完全に自給する必要があった。そのため、資源の再利用を徹底した高度な循環型社会が発達した。庶民は物を修理して長く使い、わらや灰に至るまで余すところなく回収され、また、排泄物も肥料として有効に利用された。

日本の精神を活かした経済

日本的な資本主義とは

経済の分野でも、日本的な考え方がこれまでになく求められています。アメリカの競争至上主義的な思想に基づいた金融資本主義は、リーマンショックの例を挙げるまでもなく、とうに限界に来ています。日本的な資本主義、お互いが生かし合う協調的で共生的な思想に基づいた資本主義が求められているのです。

企業は株主のためだけに存在しているのではなく、従業員や顧客、さらには社会そのものに貢献するために存在している、というのが日本の考え方です。「企業は本業を通じて社会に貢献する」という言葉が日本企業においては語り継がれてきましたが、日本型経営では、企業の究極の目的は、利益を上げることではなく、その事業を通じて社会に貢献することであるとされています。また、「利益とは、社会に貢献したことの証である」「企業が多くの利益を与えられたということは、その利益を使ってさらなる社会貢献をせよとの、世の声である」との言葉も語られてきたように、日本型経営においては、利益は究極の目的ではなく、社会貢献の指標であり、社会貢献の手段であるとされてきました。

このことは、渋沢栄一の「右手に算盤、左手に論語」という言葉や、近江商人の「売り手よし、買い手よし、世間よし」という言葉、住友家訓の「浮利を追わず」という言葉などに象徴されるように、日本が永く大切にしてきた考え方でもあります。

また、日本という国においては、「働く」とは「傍（はた）」を「楽（らく）」にすることであると語られてきたように、その労働観そのものに、すでに「社会貢献」の精神が含まれています。また、日本企業の職場においては、当たり前のように「世のため、人のため」という言葉が語られ、仕事とは、世の中を良くするためにあるものだとの精神も、永く受け継がれてきました。

こうした事業観や利益観、労働観に基づく「日本型資本主義」と呼ばれるものが、これからの世界において注目されていくでしょう。

なぜなら、いま、世界全体が、こうした事業観や利益観、労働観を大切にする方向に向かっているからです。例えば、米国のエンロンやワールドコムなどの企業不祥事を受けて始まった「企業の社会的責任」（ＣＳＲ：Corporate Social Responsibility）の潮流は、企業は、社会的責任を自覚するだけでなく、さらに社会貢献を重視しなければならないとの思想へと深まっています。また、利益を目的として新事業を立ち上げる「起業家」ではなく、社会貢献や社会変革を目的として新事業を立ち上げる「社会起業家」(Social Entrepreneur) の潮流も、「ソーシャル・ビジネス」という言葉とともに、いま、世界に大きく広がっています。

資本主義の成熟は、人間の精神の成熟

「日本型資本主義」のもう一つの特長は、「社会貢献」を重視することに加えて、「目に見えない資本」を大切にすることです。

世界経済危機を引き起こしたリーマンショックの後、世界中の多くの人々が、「資本主義は、もっと成熟した資本主義にならなければならない」と感じています。しかし、一方で、「成熟した資本主義」とはどのような資本主義なのか、世界の多くの人々にはよく分かっていないのです。その結果、ダボス会議などで資本主義の変革を議論しても、「企業への規制を強めるべきだ」「いや、それでは自由競争が阻害される」といった次元の議論しか行われてきませんでした。

では、「資本主義の成熟」とは何か？　そのことを知りたければ、一つの問いを問うてみればよいでしょう。

「人間の精神の成熟」とは何か？　その問いです。

そして、この答えは、明確です。「精神の成熟」とは、「目に見えない価値」を大切にするようになることです。例えば、人々の持つ叡智、人間同士の深い縁、世の中からの信頼、世間での評判、組織や社会での人々の共感などの価値です。そして、もし「精神の成熟」とは、こうした「目に見えない価値」を大切にするようになることであるならば、「資本主義の成熟」とは、「目に見えない資本」を大切にするようになることでしょう。

では、「目に見えない資本」とは何か？　それは、いま申し上げたことです。人々の持つ叡智は「知識資本」と呼ばれるものです。そして、人々同士の良い関係は「関係資本」、世の中からの信頼は「信頼資本」、世間での評判は「評判資本」、組織や社会での共感は「共感資本」と呼ぶことのできるものです。そして、これらの知識資本、関係資本、信頼資本、評判資本、共感資本などは、総称して「文化資本」と呼ぶことのできるものです。日本型資本主義や日本型経営においては、「三人寄れば文殊の智恵」「有り難いご縁を頂いた」「お陰様」「お互い様」「天網恢恢《てんもうかいかい》疎《そ》にして漏らさず」「世間様が見ている」などの言葉に象徴されるように、昔から、こうした「目に見えない資本」＝「文化資本」を重視してきたのです。

これに対して、リーマンショックを引き起こした金融資本主義は、文字通り、貨幣という「目に見える資本」だけを重視した資本主義であり、「企業の経営者の役割は、収益を上げ、株価を上げることだ」という思想に象徴されるように、金銭だけを追い求める、ある意味で、極めて未成熟な資本主義と言えます。

「目に見えない資本」から「目に見えない経済」へ

そして、日本型資本主義は、こうした「目に見えない資本」を重視する資本主義であると同時に、「目に見えない経済」を重視する資本主義でもあります。

では、「目に見えない経済」とは何か？　それは「ボランタリー経済」と呼ばれるものです。従来の資本主義が立脚してきたのは、お金を得るために人々が行う経済活動であり、「マネタリー経済」と呼ばれるものですが、これに対して、善意や好意によって無償で人々が行う経済活動が、「ボランタリー経済」です。

例えば、家事や育児、家庭内教育や老人介護などは、その多くが、無償で行われている「ボランタリー経済」です。また、地域の清掃や治安、コミュニティ自治など

■**ボランタリー経済**
貨幣を得ることを目的とせず、好意や善意などから自発的にモノやサービスを提供する経済。「ウィキペディア」やネット書店の書評など、ウェブの発展とともに、新たなボランタリー経済が広がりを見せている。

も、「ボランタリー経済」です。

この「ボランタリー経済」は、文化人類学では、「贈与経済」と呼ばれ、「交換経済」や「貨幣経済」よりも歴史は長く、人類社会における最も古い経済です。そして、この「ボランタリー経済」は、人類の歴史を通じて、一貫して社会を支えてきた「目に見えない経済」であり、この「目に見えない経済」が無ければ「マネタリー経済」=「目に見える経済」も、その活動を停止せざるを得ないほど、極めて重要な経済でもあります。

日本型資本主義や日本型経営においては、この「ボランタリー経済」は、ビジネスの現場でも大切な役割を果たしてきました。例えば、職場で先輩が後輩を指導するときの無償の行為は、「先輩から受けた恩は、後輩に返す」という言葉で語り継がれてきましたが、先輩が献身的に自分を育ててくれたことへの感謝から、自分も次の世代を心を込めて育てようとする行為、それは、まさに素晴らしい「ボランタリー経済」でしょう。

そして、この「ボランタリー経済」においては、先ほど述べた知識、関係、信頼、評判、共感などの「文化資本」が、豊かに生まれ、生き生きと活用されます。「文化資本」という「目に見えない資本」は「ボランタリー経済」という「目に見えない経済」の中でこそ、生き生きとした形で流通していくのです。なぜなら、「文化資本」

は、「金融資本」や「土地資本」「物的資本」と異なり、誰かに「贈与」することによって、自分の資本が減るものではないからです。むしろ、知識、関係、信頼、評判、共感といった資本は、無償で誰かに与えると、さらに増大して自分にも戻ってくるという性質があるからです。例えば、誰かに智恵を提供すると、良い関係が生まれる、信頼が築かれる、評判が広がる、共感が生まれるといったことが起こるからです。

従って、昔から「目に見えない資本」＝「文化資本」を重視し、「目に見えない経済」＝「ボランタリー経済」を内包してきた日本型資本主義は、二十一世紀に多くの先進国が迎える高度知識資本主義の時代に、最も適した資本主義でもあるのです。

地方創生も、日本型資本主義の復活から

日本において、疲弊した地方の創生を考えるときも、この日本型資本主義の考え方が重要になります。依然として地方経済は厳しい状況にありますが、その創生のためには、単に「貨幣経済」の考え方で、地方にお金をばらまき、工場を建て、雇用を増やすだけでは、地方は活性化しません。その地方に存在する智恵、縁、信頼、評判、共感といった「目に見えない資本」を生かし、地域の人々が互いに助け合う「ボラン

タリー経済」を活性化することを同時に行わなければ、地方の創生は、決して進みません。そして、こうした形での地方の創生こそが、日本という国全体の新生に結びついていくのです。

　また、こうした「目に見えない資本」や「ボランタリー経済」は、日本だけでなく、発展途上国や新興国においては、まだ豊かに残っています。しかし、こうした国々の経済成長を欧米の先進国が支援しようとするとき、やはり「貨幣経済」＝「マネタリー経済」のパラダイムだけで経済成長をさせようとする傾向があります。しかし、こうしたやり方は、結果として、その国にある「目に見えない資本」を失わせ、「ボランタリー経済」を壊していくことにもなってしまいます。

　例えば、小説『ビルマの竪琴』で親しみを持って知られる国でもあり、親日的な国としても知られるミャンマーも、いま、この問題に直面しています。ミャンマーは、軍事政権の下、長期にわたって国を閉ざしてきたため、欧米の資本主義の影響をほとんど受けておらず、いまも、人間同士の関係や信頼、共感といった「目に見えないもの」がとても豊かにあります。しかし、このミャンマーが二年前に国を開くと同時に、欧米の資本主義が入り込んできました。すると、まず、国土に値段が付けられ、労働力に値段が付けられ、木材や宝石、天然ガスなどの資源にも値段が付けられるようになり、すべてが「貨幣経済」で回っていく社会に変貌しようとしています。

■ミャンマーの経済
　民主化の過程にあるミャンマーでは、安価な労働力に加えて、インド洋への玄関口としての地政学的要因から近年高い注目を浴びている。二〇一二年の経済成長率は七・三パーセントで、今後はさらに上昇する見通しである。

こうした現状を見るにつけ、ミャンマーという国の健全な経済発展のためには、日本型資本主義の考え方こそが、有効な指針になるのではないかと思われてなりません。

私は文部科学大臣ですから、経済に関する発言をする機会は多くはありませんが、もし私が世界経済フォーラムが毎年開催しているダボス会議などで発言をするのであれば、これまで日本が育ててきた文化資本に基づく日本型資本主義の話を、スクリーンに伊勢神宮の参道や杉木立、あるいは熊野大社の境内を映しながら、映像と共に伝えていきたいと思っています。

宗教的な文化を深く宿した日本型資本主義

先ほど、「企業の社会貢献」（ＣＳＲ）の話をしましたが、欧米では、このＣＳＲの議論の中で語られるのが、「コンプライアンス（法令順守）」という言葉です。これは、「企業は法律に反することをしてはならない」という考え方を述べた言葉ですが、日本においては、さらに深い言葉が使われます。

それは、先ほども述べた「世間様が見ている」「お天道様が見ている」という言葉

■**世界経済フォーラム**
世界経済フォーラムは、各国のビジネス・政治・学界のリーダーの連携を目的とした国際機関で、民間のNPO団体であるが、大きな影響力を持つ。世界経済フォーラムの年次総会が、スイスで行われるダボス会議である。

です。これは、いわば欧米的な「罪と罰」の文化ではなく、日本的な「恥と美」の文化を意味しています。すなわち、日本人は、社会に反することを「法律で規制されている」からやらないのではなく、「世間様が見ている、お天道様が見ている」からやらない、と考えるわけです。これもまた、法律だけで資本主義の暴走を規制することの限界に直面している現在、成熟した資本主義を生み出していくために求められる思想となっていくでしょう。

このように、日本型資本主義は、ある意味で、宗教的情操とも呼べるものと一体となった、極めて深い思想的基盤を持つものであり、これから世界の資本主義が成熟した資本主義をめざしていくとき、大きな指標となる資本主義であることに、我々日本人は、自信を持つべきでしょう。

人生甦りの地

第3章

那智大社

那智の滝を訪れて

フェノロサと那智の滝

晴天に恵まれた熊野本宮参拝とは打って変わり、那智の滝に到着したときは、嵐のような天候でした。普段は、三本に分かれて流れ落ちているといわれる那智の滝ですが、我々が滝の前に立ったときには、その流れは太く力強い一つの流れとなり、轟音を立てて岩肌を叩きながら落ちていました。五感でその雄大な滝を感じながら、この日、ここに立つ意味を改めて考えました。

明治時代に、フェノロサという、その後の日本の芸術界に大きな影響を与えたヨーロッパ人が、那智の滝に来ています。当時のヨーロッパ人は、日本の宗教は原始宗教で遅れているとして、あまり評価していませんでした。しかし、フェノロサが那智の

■フェノロサ

（一八五三—一九〇八）

アメリカの東洋美術史家。明治一一年（一八七八年）に来日し、東京大学で政治学、哲学などを教えるが、その後日本美術に関心を寄せ、岡倉天心とともに東京美術学校の設立に携わった。帰国後はボストン美術館東洋部長を務める。

■那智の滝

那智の滝は、熊野那智大社の別宮である、飛瀧神社のご神体である。飛瀧神社には本殿や拝殿はなく、滝を直接拝む形になる。那智大社社殿によると、神武天皇が東征にあたって上陸されたとき、那智の山に光が輝くのをみて滝を探し当ててご神体として祀り、その後八《や》咫烏《たがらす》の導きによって大和へ入った、とある。八咫烏は三本足の神話上のカラスで、日本サッカー協会のシンボルマークとして使われている。

熊野那智大社のご神体である那智大滝。高さ133m、幅13mは日本最大

滝を見て、これこそ神の具現化だということを言ったことで、当時の人々は、自分たちの信仰が、初めてヨーロッパの人に評価されたと大感激をしたそうです。

フェノロサは、本当に優れた感覚と感性を持った人だと思いますが、この那智の滝を見たならば、誰もが、その神々しさと美しさを感じ、そこに神の存在の象徴的なものを感じるはずです。そして、実は、滝は一つの象徴であり、滝だけでなく、一つ一つの自然そのものが、実は神々しいことに気がつきます。那智の滝は、そのことを教えてくれる存在でもあると思います。

那智の滝が与えてくれた「気づき」

芸術家の素晴らしさというのは、普通の人が気がつかぬものに、神々しさや美しさを発見し、それを表現することができるところにあります。しかし、那智の滝は、そういう優れた感覚や感性を持った芸術家だけでなく、芸術家ではない人であっても、それを見ることによって神々しさや美しさへの感動を与えてくれます。

こうした自然に触れることによる感動は、実は、日常そのものが非日常であり、平凡のように見える毎日が、ある意味では、奇跡のごとき毎日であることを教えてくれます。そして、我々は、ごく自然に日々を生きていますが、実は本当は神の世界に包まれているのだという感覚を与えてくれます。そして、その感覚を持つことを通じて、これから人類が様々な課題を乗り越え、存続し続けていくために、世界が学ぶべき「共生の思想」の真髄を感じ取ることができるのでしょう。

共に那智の滝を訪問したアジアの友人は、こんな風に語ってくれました。「那智の滝を見つめていると、神は生きているものだという感覚がわき上がってきます。滝と正対していると、憎しみや紛争などとは全く無縁になります。また、自然崇拝や神道が追求する神聖なものは美的なものでもあって、見る人の心に影響する、ということがよくわかります。それゆえ、日本のユニークで美しい文化は、世界に対して良き影響力を与えられるはずです」

人はいつ神を感じるのか

立花隆氏が『宇宙からの帰還』という本を書いています。宇宙飛行士が宇宙から帰還した後の人生をどう送ったかという本です。そのまま宇宙飛行士を続けている人もいますが、宇宙体験から魂が覚醒し、宗教家や牧師になった人もいます。その覚醒した人の一人、ラッセル・シュワイカート氏が、「自分は宇宙に行って神を感じたが、その神というのは、特定の神ではなく、自分を取り巻く一切が神そのものだった」と言っています。シュワイカートは、宇宙遊泳中に、短い時間ですが、宇宙船からの連絡が途絶え、真っ暗闇の中で、音も聞こえず、光もない中で地球を見るという体験をしました。漆黒の宇宙空間に浮かびながら、そのとき、何か深い啓示を感じ、帰還後、宗教的な世界へ身を転じました。これは宇宙空間だけでなく、例えば、砂漠の中など、人間界から隔絶した場で、人間が一人の個としてあるとき、そこに非常に神々しいものを感じるようです。

実は、同じことを、私はここ那智大社で感じました。恐らく、多くの人も感じるのではないでしょうか。これは、自然崇拝とは少し違います。自然の美しさを通じて神を感じるという経験を与え、人の心に何かの啓示を与えるという存在。そうした存在として滝があるわけであり、滝そのものだけが神だということではなく、神を感じるきっかけとして、滝があるのです。

■ラッセル・シュワイカート（一九三五―）
アポロ九号の月着陸船操縦士。月着陸船のハッチで船外活動を行い、宇宙からの生中継を行った。

日本でも有数の多雨地帯である吉野熊野国立公園

「水上の参詣道」熊野川

自然による覚醒

四世紀ぐらいから、現在と同じ場所に那智大社があり、人々は熊野詣をずっと続けてきています。そして、参拝した人は、この地で蘇り、新しい人生を歩んでいくという体験を繰り返しています。熊野はそういう覚醒の場であると言われていますが、このような宗教的体験は、なかなか言葉では伝え切ることができません。それは、徹頭徹尾、感じる世界でもあります。だからこそ、神道というものは、言語によって理論化されていないのでしょう。そして、それゆえに、その精神を理解することが難しいと言えるのでしょう。

この那智大社は、三年前に台風が来て、後ろのお社が倒れ、そして復活をした場所です。こうした自然災害によって、多くの日本人は、「この世は無常であり、いつも平安があるわけではない、色々な変化がある」ということに気づかされます。

東日本大震災も同じです。これだけ経済が豊かになり、有数の先進国になったにも関わらず、自然の力を前にして、一人ひとりの人間の力は本当に小さいと感じ、ただ涙することしかできなかった。そして、これでもう地震が起きないとは誰も思っていない。明日にでも、南海トラフ地震が起きるかもしれない、直下型の大地震が起きる

■台風十二号
二〇一一年の台風十二号では、熊野那智大社が土砂で埋まり、国宝の金峯山寺本堂の屋根の一部が破損した速玉神社や熊野本宮の一部も浸水した。

かもしれない。また、こうした天変地異に限らず、いまの地球全体を考えたならば、このまま続くはずがないことは明らかです。食糧の問題、水資源の問題、紛争の問題、世界の色々な課題。このままでは、限界がやって来る。何とかしなければならない。そんな危機感を、多くの日本人が抱いているはずです。

宇宙飛行士は、宇宙に行くという非日常の体験の中で覚醒をしたわけですが、日本という国も、東日本大震災によって、人間の力を遥かに超えた自然の力を実感し、覚醒した。そうであるならば、この日本という国は、世界の人々に対して、警鐘を鳴らすという役割もあるのではないでしょうか。

鎮守山を背景に「熊野権現造り」の朱の社殿が立ち並ぶ熊野那智大社

「しぜん」と「じねん」

いま、「人間の力を遥かに超えた自然の力」と申し上げましたが、日本という国は、一度たりとも自然をコントロールできると考えたことはありませんでした。これに対して、西洋の科学技術は、自然をいかに人間の意のままにコントロールできるかという思想体系です。もとより、日本も西洋の科学技術を取り入れてはいますが、日本人は、昔から、過酷な自然の変化の中で、自然をコントロールしようという発想は持たず、むしろ、自然が変化する中で、人間はどう生かしていただくかという謙虚な姿勢で自然と向き合ってきたのです。だから、「生かされている」、という言葉も出てきたわけですが、さらに言えば、人間と自然との「共生」という発想すら、日本人の中にはありませんでした。なぜなら、「共生」というのは「自然と共に生きる」という意味であり、自然と人間を対等に置く思想ですが、日本人はむしろ「自然（じねん）」の思想でした。つまり、人間も自然の一部に過ぎない、人間は、自然の一部として生かされているという思想です。ここに、日本人の自然観が、欧米の自然観と決定的に違う部分があるのです。

■じねん
「自然」を「じねん」と呼ぶと、すべてがあるがままに存在している、という意味となる。仏教用語として、仏教の真理を意味することもあるが、万物は因果応報によらず、自然に変化するという、仏教に反する考え方（無因論）を表すこともある。

熊野那智大社にて正式参拝を行う下村大臣一行

お神楽（那智の瀧舞）

世界に求められる日本へ

複数の一番の共存を認め合う

先ほども述べたことですが、熊野本宮の宮司さんと話をしていて不思議に思ったのは、熊野三山が、なぜ一本化しなかったのですか、という私の問いに対して、宮司さんが答えられなかったことです。答えられなかったということは、逆に言えば、一本化しようとそもそも思っていなかったわけです。それぞれ自分たちが一番だと言いつつ、共生してきた。それは素晴らしいことですが、一本化するという発想を持たなかったこともまた不思議です。

これは、これからの世界の在り方の参考になる象徴的な話だと思います。それぞれが素晴らしく、自分たちが一番だと思っている。しかし、そこから議論や争いをして、いずれが一番かを決めようとは思っていない。一本化しようとも思っていない。

それぞれが、それぞれを認めながら、自分が一番と思い、共存・共栄をしている。そうした「共生の叡智」を、日本から世界に対して伝えていくことも必要なのではないでしょうか。

多くの日本人は、熊野三山の末社がそれぞれ三千数百近くあり、実際にはほとんどが重なっているということを知らないでしょう。那智大社でも、熊野本宮でも、それぞれ自分の末社は三千数百弱あると思っています。これは「いい加減な話」ではなく、これから人類が共生社会を創っていくときの叡智への示唆でもあります。その叡智の意味を、日本人がさらに深く理解し、日本の叡智として、世界に伝えていく必要があるのです。

世界が求めるグローバル人材とは

この例に象徴されるように、実は、日本人は、あまり日本のことを知りません、熊野のことも知らないし、伊勢のことも知りません。これからのグローバル社会において、異なる価値観の人々と共に活動していくためには、我々日本人は、何よりも日本人としての確固とした基軸を持つために、日本について、もっと深く学ばなければなりません。その基軸を定めた上で、グローバルな活躍をしていただきたいのです。そして、グローバルといっても、アメリカ主義的なグローバリズムではなくて、日本的な、多様な価値観の中で、それぞれが認め合うグローバリズムでなければなりません。

真にグローバルな人間になるためには、真の日本人である必要があります。日本人としての基軸をしっかりと持っていなければ、諸外国の人々から尊敬をされることもありません。そして、真の日本人という意味は、ただ日本の歴史や伝統、宗教や文化を知識として学ぶだけではなく、そこから、人類全体にとって意義のある、二十一世紀的な価値を見いださなければなりません。

私は今回の旅においては、神道を通じて日本の優れた価値観、世界に貢献できる価値観を見いだそうとしてきましたが、これからの時代、我が国は、日本の優れた思想、精神、文化を世界に伝えていかなければならないと思っています。そして、日本の思想、精神、文化の多くは、やはり、日本固有の宗教である神道に根づいた部分がありますので、日本文化を発信するということは、神道的なものの考え方を伝えることにもなっていきます。しかし、それは決して、神道そのものを海外に広めたいということではありません。私は、どこまでも、

二の鳥居を背景にジョン・パン氏と語り合う下村大臣

日本の思想、精神、文化の優れたところを世界に伝えていきたいと思っているのです。

海外に求められる日本の文化

私は今年の五月に、マレーシアで、マハティール元首相にお会いしました。マレーシアは「ルックイースト政策」の一環で、日本に留学生をこれまで一万五千人送ってこられているのですが、元首相との会合の後、その元留学生が組織する同窓会の代表の方々にお会いしました。

マハティール元首相と留学生OBの方々とは別々にお会いしたのですが、彼らは、私に同じことを言われました。マレーシアにぜひ日本の大学を招致したい、そして、その大学では、英語ではなく日本語で教えてほしいと言われるのです。日本人から日本語で教わることによって、日本の文化を学びたい。英語にしてしまうと、日本の文化は学べなくなってしまうからと言われるのです。その話を伺い、私は改めて「ルックイースト」とは、まさにそういう意味なのかと得心しました。

学問的なレベルの高さだけから言えば、アメリカやヨーロッパの大学のほうが、レベルの高いことを教えられるのかもしれません。しかし、彼らは、日本の大学に対し

■ルックイースト政策
一九八一年にマレーシアの首相となったマハティール氏が提言した、日本の集団主義や道徳を学ぼうとする運動。ルックイースト政策を機に、マレーシア人の日本への留学が盛んに行われるようになった。近年では中国や欧米の比重が高まっているものの、依然としてルックイースト政策は継続している。

て、日本語で日本の文化そのものをマレーシア人に教えてほしいと言われるのです。例えば、日本的な所作や振る舞い、人に対する思いやりや優しさ、いたわりなど、日本的な精神が素晴らしいので、ぜひ、それを教えてほしいと言われるのです。

私はマハティール元首相に、「ルックイースト政策」はもう止めたのではないかと思っていたと申し上げました。なぜなら、「ルックイースト政策」を打ち出されたとき、マハティール氏が見習おうと思った日本は昔の日本であって、もう二、三十年前に、そういう日本の文化は無くなってしまったように私には思えたからです。日本人が世界に誇れるような精神的で文化的な部分は、欧米の文化が浸透してくるなかで消えてしまい、いまの日本は、そのようなものを教えられるような状況ではない、だからもう「ルックイースト政策」は止めたのではないかと思っていたと、私は申し上げたのです。するとマハティール氏が、そんなことはないと言われるのです。いまの欧米的な思想や白人優先主義的な思想ではなく、日本的な思想、精神、文化のほうが、マレーシア人にとっては、はるかに学ぶべき部分がたくさんある。いまでも日本から学ぶべきことがたくさんあるから、日本の大学をマレーシアに誘致したい、そこで日本語で教えてほしいと言われたのです。

アジアから世界へ、日本の文化を普及する

同様に、ミャンマーを訪問したときには、ミャンマーの経済を発展させていくためには、中堅の理科系の人材が不足しているから、その育成をする必要があるが、例えば日本の高等専門学校のような五年一貫教育で、理科系の技術者を養成する学校を作ってほしいと言われました。なぜなら、日本の高等専門学校では、技術的な知識やスキルだけでなく、人間的な素養も身につけさせようとしている。だから、ミャンマーにおいても、ただ優れた技術者を育てるのではなく、優れた人間を育てようとする日本の教育方法が必要なのですと言われました。これは、ベトナムを訪問したときも、同じようなことを言われました。このように、二十一世紀において、日本が世界に対して果たすべきことは、日本の思想、精神、文化の優れた部分を、ＡＳＥＡＮ諸国を始めとする世界各国に伝えていくことなのです。特に東南アジアの人々は、自分たちの国では失われてしまった大切な価値観が、まだ日本には残っていると感じ、日本のことを知るということは、自分たちの国の昔を知ることだということを、懐かしさとともに直感的に感じているのでしょう。

先週はインドに行き、ニューデリーやハイデラバード、さらにバンガロールを訪問

しましたが、インドのどこでも、ぜひ日本語を学びたい、だから日本語学校を作ってほしいと言われました。日本語学校を作るのはお金も人も必要ですから、簡単にお受けできる話ではありませんが、訪問したアジアの異なる国々で同様のことを言われ、これは考えなくてはならないと思いました。

日本版の孔子学院を

ここで学ぶべきは、中国の戦略でしょう。中国は、孔子学院という学校を、世界二千カ所以上に作っています。孔子学院といっても、孔子や儒教を教えるわけではなく、中国語を教えると同時に、中国という国を世界にPRしているのです。つまり、この孔子学院を通じて、中国の影響を世界中に浸透させるという国家戦略を採っているのです。

しかし残念ながら、日本政府は、この中国の孔子学院的な戦略をまったく持っていません。もちろん、日本が目指しているのは文化国家ですので、発展途上の中国と同様の国家戦略を持つ必要はありませんが、文化国家的な視点からも、また、先のASEAN各国の方々から言われたことも踏まえるならば、日本語学校を世界に広げ

■孔子学院
中国が世界各地の大学機関などと提携し、中国語や中国文化を教育することを目的に設立している公的機関。日本にも、立命館孔子学院をはじめ、十数校が開校している。世界百二十三カ国に拠点があるが、アメリカでは最近、中国政府の価値観が強く出すぎているとして閉校する例も増えている。

るということは必要だと思います。ただそのためには、日本という国の教育や文化を世界に広げていくことに国家予算を費やすという長期戦略を定めることが必要でしょう。その長期戦略を抜きに、アジア各国に日本語学校を作ることは実現できないでしょう。

第4章

二十一世紀を生きるすべての日本人へ

アジアと日本

文化国家日本

日本という国は、海外から様々なものを受け入れ、咀嚼し、良いところをさらに伸ばしていくことができる、文化の国です。昔から、「和魂洋才」や「和洋折衷」という言葉が使われますが、明治以降の日本は、西洋の科学技術をただ模倣して、取り入れてきたのではありません。西洋の最先端の知識や技術を取り入れながらも、日本人が古来持っていた思想、精神、文化を輸入技術と組み合わせ、さらに昇華し、発展させていったのです。それが、これまでの日本の強みであったと思います。

では、これからの日本は、どうあるべきか。私は、日本という国は、経済大国であることにとどまらず、世界において、文化芸術国家としての役割を果たすべきだと考えています。つまり、日本という国が、自分たちの優れた文化を積極的に世界に伝え

■和魂洋才・和洋折衷
　和魂洋才とは、西洋の学問に学びながらも日本の精神を失わないこと。
　和洋折衷とは、日本と欧米の長所を程よく取り入れること。アンパンや和洋折衷建築などがその例。

ていく時代に向かうべきと思います。

しかしそれは、一神教の文化のように、一つの価値観を世界に押しつけるのではなく、聖徳太子が語った「和の精神」を世界に広めていくことから始めるべきです。すなわち、まずは、世界各国が、互いに違いは違いとして、異なったところは異なったところとして認め合うことが大切です。そのうえで、それを単なる「多様性の共存」にとどめるのではなく、互いの良いところを学び合い、結び付け、新たな価値を生み出していくという段階へと進めていくことが望まれます。そのとき、日本という国の「和魂洋才」といった叡智の在り方が、諸外国からも大いに参考になるでしょう。

東アジアのナショナリズム

しかし、私たちがこのような志を持ったとき、他のすべての国が諸手を挙げて賛成してくれる状況ではないのも、残念ながら事実です。

例えば、中国では、残念ながら、国民感情においては、日本に対する嫌悪感や敵意が増大しています。中国に進出した日本企業が群衆に襲撃されたというニュースも耳にしました。また、いまだにドキュメンタリーで日本の戦争のことが報道されています。

靖国神社の参拝についても、最近では、中国政府が抗議をするようになりました。実は一九八四年ぐらいまでは、時の首相が参拝しても、中国政府は抗議をしていませんでした。つまり、最初から抗議していたわけではありません。しかしあるときから、靖国神社参拝について、抗議を始めたわけです。そこに中国政府のどのような政治的意図があるかは分かりませんが、残念なことです。

韓国も同様に、日本に対する嫌悪感や敵意が増大する傾向にあります。来年、サンフランシスコに、韓国系アメリカ人によってサンフランシスコ抗日記念館が作られるようです。また、やはり、韓国系アメリカ人によって、アメリカ国内に従軍慰安婦像が五カ所ほどで作られています。これも、今後の日韓関係を考えるとき、残念なことです。

このように、中国や韓国との関係は、いますぐ相互理解を深め、相互親善を深めていくことは、少し難しい状況かと思いますが、我が国の思いは、中国や韓国とも平和的に交流し、互いの繁栄を目指して「共生」をしていきたいのです。

インドから見た、東京裁判の再検証

中国や韓国とのこうした軋轢の背景には、いわゆる「歴史認識」の問題があります

■**サンフランシスコ抗日記念館**
戦後七〇年となる二〇一五年に、中国系住民の多いサンフランシスコに建設される予定。中国以外では初。

が、この問題は、長期的な視点で解決を図っていかなければならないと思っています。その一つの試みが、東京裁判の再検証です。

先日、私は、インドを訪問し、東京裁判の判事を務めたパール判事のひ孫さんと、チャンドラ・ボースのお孫さんにお目にかかってきました。そして、この会合において、日本とインドで歴史検証の共同研究を始めることを約束してきました。

パール判事は、東京裁判のときに、裁判そのものが無効だと主張された方です。その理由は、「罪刑法定主義」に反するという理由でした。すなわち、「罪刑法定主義」の原則に基づけば、「法律を作った後で初めて罪が問われる」のであり、東京裁判では、平和や人権を侵害した罪を新たに法律で規定して、その法律ができる前の行為を罰したのだから、その裁判は無効だと主張されたのです。さらに、日本の罪を問うのであれば、広島や長崎への原爆投下の罪も問わなければならないということも、パール判事は主張されました。

一方のチャンドラ・ボースは、ガンジーと並ぶインド建国の父です。ガンジーは無抵抗主義によって植民地支配からインドを解放したことで知られていますが、チャンドラ・ボースは、当時、日本軍と一緒になって、インパール作戦というイギリスから独立するための作戦を一緒にやっていた人で

ラダ・ビノード・パール判事

スバス・チャンドラ・ボース

■東京裁判
一九四六年から一九四八年にかけて、連合国が日本の指導者二八名を戦争犯罪人として裁いた裁判。病死した二名と免訴された一名を除く二五名が有罪判決を受け、東條英機ら七名が死刑となった。この際、当時イギリス領インド帝国であったラダ・ビノード・パール判事は、事後法で裁くことはできないとし、全員の無罪を主張した。後に、「東京裁判の影響は原子爆弾の被害よりも大きい」と語っている。

す。だからインドでは、日本は侵略戦争をした悪い国ではなく、自分たちを植民地支配から解放してくれた国だという感謝の思いがあります。今回の訪問でも、八月六日に、インドの国会では、広島・長崎の原爆投下に対する追悼の式典を行っていました。

彼らのそういう視点から第二次世界大戦後の東京裁判を見てみると、どう映るのでしょうか。もちろん、あの時代に日本の行ったことが侵略戦争であったという側面を否定するつもりはありません。また、東南アジア各国に、日本軍が進出したことも事実です。現在も、その当時の辛く苦しい記憶を持っている方々が、シンガポールやマレーシアにもいらっしゃいます。しかし、歴史というものを、勝者の立場だけから裁くのではなく、いろいろな立場から検証してみることも大切なことでしょう。

そこで、インドなどの第三者国から、第二次世界大戦や東京裁判を見直していただき、歴史の検証をしていただきたいのです。先ほどのインドの方々は、ぜひやりましょうと言ってくれましたから、あと何年かしたら、インド側から、東京裁判とは何だったのか、第二次世界大戦とは何だったのか、という歴史検証が出てくると思います。それは、日本人が自らを正当化するための歴史検証ではなく、第三者国から見た中立的な歴史検証です。それは、日本的な「共生観」を世界に伝えるという意味で、有意義な研究になるでしょうし、東アジアの平和と安定をもたらすためにも、大切な研究になると思います。

アジア連合は可能か

アジアの平和と安定という意味では、本来、アジアが一つにまとまることが望ましいでしょう。しかし、アジアの場合は、一つにまとまることは、ヨーロッパのEUほど容易ではありません。そのためには、色々な課題をクリアしていく必要があります。そこで、まずは第一歩として、二〇一五年に、ASEANの十カ国が連携し、「ASEAN経済連合体」が誕生します。

私は、今年の四月に、ASEAN＋3文科大臣第十回会合がベトナムのフエで開催されたので、出席してきました。しかし、日本の文科大臣がこの会合に出席したのは十回の会合で初めてでした。逆に言えば、日本は今まで、ASEANを大切にしてこなかったのです。ただ、安倍政権では、昨年の暮れには日本ASEAN首脳会合を日本で開催し、これからASEANとの関係を強化しようとしています。そこで、私は、日本の文科大臣として初めて、この会合に出席し、文化からアプローチをしようということで、初の日本ASEAN文化大臣会合を開きました。この会合を開催して驚いたのは、すでに中国は三回、韓国も二回、こうした会合を開催しており、実は、日本が一番遅れていたことです。

■中国・韓国とASEAN諸国

中国・韓国は製造業や不動産投資などでASEAN諸国との関わりは非常に深いつながりがあるが、二〇一四年に外務省がASEAN七カ国で行った世論調査によると、「最も信頼できる国」の第一位は日本（三三パーセント）で、中国は五パーセント、韓国は二パーセントだった。また、「ASEAN諸国にとって現在重要なパートナーはどの国か」という質問でも、日本が一位だった。

このＡＳＥＡＮと日本の文化大臣会合に出席してみると、それぞれのＡＳＥＡＮ諸国からは、日本に対する大きな期待も感じましたし、大変に親日的であるとも強く感じました。そこで、これからは、文化についてだけでなく、教育や科学技術についても、それぞれの国のニーズに即して、個別に連携を取っていきたいと思っています。

このように、アジア地域においては、すべての国が仲良くするということは、まだ先の話ですので、まずは戦略的に、ＡＳＥＡＮ各国と日本が、より強固な連携関係を築いていく必要があります。また、ＡＳＥＡＮ諸国との貿易取引についても、日本の企業は、ただ「売れればいい」ということではなく、同時に、それぞれの国の市場が活性化し、ＷＩＮ－ＷＩＮの関係になることを考えて取り組んでいただきたいのです。そして、我々日本人は、決して偏狭なナショナリズムに陥ることなく、「共生の思想」に基づいた器の大きな姿勢を持ち続けなければならないと思います。

共に二千年を振り返る日中関係を

歴史を振り返れば、たしかに、日本と中国の間には百五十年ほどの苦い歴史があります。しかし、それ以前には、二千年近くの長い友好関係があったのです。この百五十年の苦い歴史は、アジアへの欧米諸国の進出に対抗して、日本も列強になろうとしたことに由来します。それは、アジア諸国にとっても、苦渋に満ちた時代でしたが、その時代はもう過去のものとなりました。これからは、その百五十年以前の二千年の歳月を振り返るときではないでしょうか。

この二千年の間には、日本と中国には深い文化的交流がありました。日本の美術館や博物館には、その当時の書物や物品がそのまま残されています。日本と中国は、そうした懐かしい友好の歴史を振り返り、互いの関係を修復していくべきでしょう。その修復には、少し時間がかかるかもしれませんが、歴史の大きな流れは、日本と中国の友好的な関係をこそ求めているのです。

東京オリンピックを前に

スポーツと日本の「道」

この日本という国が、その文化を世界に発信していく絶好の機会が、二〇二〇年にやってきます。東京オリンピック・パラリンピックです。

先日、ウルグアイのＩＯＣ委員に、二〇二〇年のオリンピック・パラリンピックは、ぜひ、これまでの歴史を変えるようなものにして頂きたい、日本だったらそれができるのではないでしょうか、と言われました。なぜ、そう言われるのかを伺ったら、彼は宮本武蔵の『五輪書』を読んだというのです。宮本武蔵というのは日本で最も強い剣術家といわれていますが、武蔵は「剣術」というものを、人殺しの技術だけに終わらせなかった。「剣術」というものを、人が人としてどう生きるかという道、すなわち「剣術の武士道」＝「剣道」にまで昇華をさせたのです。そして、日本で

■五輪書
剣豪、宮本武蔵（天正一二（一五八四）年？―正保二（一六四五）年）が著した兵法書。書名は密教の「五輪」に由来し、「地、水、火、風、空」の五巻からなる。

日英対訳『五輪書』（対訳ニッポン双書 ＩＢＣパブリッシング刊）

は、「剣道」だけでなく、「柔道」や「弓道」というように、必ず「道」が付く。従って、日本は、まさにスポーツを競技に勝つためのスポーツ術として終わらせないで、スポーツを通じて、人が人としてどう生きるかという「道」にして頂きたい。ウルグアイの人はそう言われたのです。

たしかに、例えばブラジルには「ブラジリアン柔道」とは言いません。つまり、海外の国では、スポーツを通じてより高みを目指すのですが、やはり術は術、あくまでも技術です。しかし、日本は技術を超え、その一つの道を通じていかに生きるかという、人の生きる道にまで昇華していく。それは、武道だけではなく、華道、茶道のように、あらゆる分野で、一つの道を通じて人が人としてどう生きるかという理想にまで高めています。こういう考え方は、世界でも、他にはないのではないでしょうか。

「ブラジリアン柔術」というものがありますが、スポーツを通じてよ

オリンピックの精神を日本で体現する

実は、そもそもオリンピック憲章を良く読めば、その精神は、この日本の考え方に非常に近いものです。憲章によれば、オリンピックの本来の精神とは、スポーツの技

■ブラジリアン柔術
ブラジルに移民した柔道家である前田光世（一八七八―一九四一）がグレイシー一族らに柔道の技術を伝え、独自の改良を遂げた格闘技。ブラジル各地で盛んに行われているほか、日本にも日本ブラジリアン柔術連盟などの団体がある。

術の競い合いではなく、スポーツを通じて人類がどう調和をしながら生きていくかというものです。しかし、これまでのオリンピック・パラリンピックでは，必ずしもこの精神を体現しきれていなかった。従って、もしそれができるとしたら、日本ではないか、とウルグアイのＩＯＣ委員は言っているのです。ですから、二〇二〇年のオリンピック・パラリンピックは、スポーツを通じて、世界に「道」の精神を発信する。そのようなものにするべきだと私は思っています。しかし、それは二〇二〇年のオリンピック・パラリンピック本番で、実現できるわけではなく、いまから準備していく必要があると思っています。

現在、私はオリンピック・パラリンピックの担当大臣でもありますので、メダルはメダルで、史上最高のメダル獲得をぜひ目指したいとは思っています。ただ一方で、「スポーツ・フォー・トゥモロー」という取り組みを行い、世界百カ国、一千万人に対して、日本から指導者を送り、スポーツによる貢献をしようと考えています。こうした行為は、他国のスポーツを盛んにすることにつながりますから、それだけ日本人がメダルを獲得することが難しくなります。それは、いわば「敵に塩を送る」ような取り組みですから、これまでの狭いナショナリズム的な考え方なら、こうしたことはしないでしょう。それでも、こうしたことを行うのは、スポーツの在り方そのものを

■スポーツ・フォー・トゥモロー

「スポーツ・フォー・トゥモロー」は、①日本のスポーツ振興のノウハウの途上国などへの普及、②スポーツマネジメントに関する国際的な人材育成、③アンチ・ドーピング活動への支援を柱にした国際スポーツ貢献策で、二〇二〇年東京五輪の中心テーマとなっている。

より高い次元に上げていこうという、日本的精神の表れでもあります。

オリンピックは、これまで、ただ各国の優位性を競うナショナリズム的なものが前面に出てしまったり、汚職やドーピングの問題があったり、本来の憲章の精神から逸脱しつつあったのですが、スポーツを「道」という形で捉えることによって、オリンピック・パラリンピックというものを、人間が花開いていく場、人間が成長していく場にしていこうと考えています。

イチローに見る日本のスポーツ精神

では、「道」とは何か。例えば、野球選手のイチローがアメリカで活躍していますが、彼の思想は、見事に日本の「道」の精神であるといえます。世界新記録の二百六十二安打を打った前の年に、イチローはアスレチックスのハドソンという投手に、ずっと抑え込まれていました。そのとき、あるインタビュアーがイチローに「イチローさん、あのハドソンというピッチャーはイチローさんにとって、対戦をしたくない苦手の相手ですか」と聞きました。そのときイチローは、「いえ、そうではありません。彼は、私というバッターの可能性を引き出してくれる素晴らしいピッチャーで

■イチローの記録
イチローは、大リーグ最多となるシーズン二六二安打の記録を持つだけでなく、十年連続二〇〇安打、日米通算四〇〇〇安打を記録するなど、長期に渡って活躍している。イチローは記録について、「比較するのは、あくまでも自分です。もちろん、他人の記録も尊いと思いますけど、まずは自分の能力を競わないと」と語っている。

す。だから、自分もまたトレーニングをして、彼の可能性を引き出せる素晴らしいバッターになりたいですね」と答えました。これは日本人のスポーツに対する捉え方を象徴的に表しています。好敵手の相手に対して、その選手が弱くなればいいとか、その選手との戦いを避けられればいいとは、まったく思わないのです。日本には「切磋琢磨」という言葉がありますが、相手もまた成長していくことを期待し、その相手との対戦を通じて自分もまた、さらに成長していくことを願う。お互いに高め合っていくという思想が、日本人のスポーツの捉え方の根本にあるのです。

さらに、イチローが二百六十二安打を打った後の日本でのインタビューも印象に残っています。インタビュアーから「イチローさん、次の目標は」と聞かれたときのことです。多くの日本人は、「次は打率四割を目指します」と答えることを期待したと思うのですが、イチローは四割とは答えませんでした。打率を目標にすれば、もし、規定打席を満たして四割を達成し、あと十打席残っていたとすれば、バッターボックスに立ちたくなくなるかもしれない。バッティングが好きで入った世界にもかかわらず、バッティングがしたくなくなるという状況を、イチローは嫌ったわけです。つまり、イチローにとってスポーツとは、どこまでも自分を高めていくための手段なのでしょう。そして、イチローは、先の問いに対して、こう答えました。「ええ、野球がもっと上手くなりたいですね。ただし、ここから先は数字に表れない世界なので、自分にしかわからない世界です」。そう答えていました。これは日本人の「道」の思想そのものです。勝てばいいとか、数字が上がったからいいということで終わらせない。その奥にもっと深い世界がある。だから、修業をして、その深みや高みまで行ってみたい。そういう考え方を持っているわけです。このように、日本人はスポーツというものを、相手を打ち倒すだけの競技だとは思っていないのです。スポーツを通じて、互いの可能性を引き出し合い、高め合い、互いに成長していく。スポーツとは、そうした人間成長の最高の場であると思っているのです。

日本のスポーツの根底にある神道的考え

日本人が、スポーツというものをこのようにとらえる背景には、やはり神道的な影響があるのではないかと思います。それは、天上に唯一絶対神がいるという宗教観ではなく、人間の中にも神が宿っているという宗教観です。従って、我々は、人間の無限の可能性を極めたとき、神的なものに近づくと信じ、そこに向かって力を尽くして歩み続ける生き方を理想とするわけです。実際、一流のスポーツ選手の競技を見ていると、我々観客にも、「神がかり的」と感じる瞬間があります。そういう意味で、日本人は、スポーツを通じて「神的なもの」に近づいていこうとする。従って、そうした精神があるかぎり、自分だけが良い条件で戦うとか、相手の不利を願うとか、そういう自己中心的な考え方は、神的な生き方に反するものだと考える精神が、日本人の根底にあるのではないかと思います。

なぜ、オリンピック・パラリンピックに感動するのか

そもそも、日本には、「主客一体」の思想が根本にあります。相手と自分とが分かれているのではなく、本来、一体であるという思想です。そして、自分の中にも、相手の中にも神が宿っているという思想があります。そして、その自身の内に宿る神を、修行を通じて顕現させていこうという思想があるのです。その修行が、ときに、宗教的な修行であったり、仕事を通じての修行であったり、スポーツを通じての修行であったりするわけです。すべてを「道」にする思想は、まさに、そういう意味を持っているのですね。

そして、先ほど申し上げたように、その修行の中で、ときに、「神がかり的」な瞬間を見たり、体験するのです。野球で言えば、「あの最後のバックホームは、まさに

■主客一体
禅宗に由来する語で、自分と相手の分離が消滅した境地のこと。

神がかり的だった」などと言うこともありますが、本当に自分が神に導かれたのではないかと思えるほど、大いなるものとの一体感を覚える瞬間が、「道」の中にはあります。本当のプロフェッショナルは、分野を問わず、どこかで「神がかり的」な瞬間を味わうのでしょう。そして、その瞬間を一度でも味わうと、ますますその修行の道に魅かれるわけです。もちろん、我々は、誰もが限界ある人間、神になりきることができるわけではありませんが、「神的な世界」を垣間見るときはあるのです。そうした瞬間を味わいながら、我々は、神に近づいていく。その「道」を、深い喜びとするわけです。

オリンピック・パラリンピックの競技を見ていて、我々は、なぜ感動するのでしょうか。世界のトップレベルのアスリートの競技を見ていて、我々は、なぜ感動するのでしょうか。それは、彼らが、人間の限界を超えた瞬間、まさに一般の人から見たら神に近い存在に見えるときがある。その「神がかり的」な姿に対して、一般の人々は感動するのです。人間の限界を超えた世界トップレベルのものは、その存在そのものが美しく、素晴らしく、まさに「神的なもの」になっているから、我々は感動するのでしょう。人間の限界を超えた、そういう極限のものだから、オリンピック・パラリンピックの競技は素晴らしいのです。

相手は自分の鏡

すでに述べたように、日本のスポーツの思想は、戦う相手を打ち倒すことに価値を置くのではなく、戦う相手と互いに成長していくことに価値を置いています。この思想は、スポーツに限らず、生活や仕事においても、貫かれています。そして、その思想を象徴するのが、「鏡」という考え方です。

熊野大社で「鏡」についての話をしましたが、スポーツにおいては競技する相手を、仕事においてはお客さまを、日本人は、自分を映す「鏡」だと思うわけです。そして、「鏡」を見つめると「我」が見えてくる、エゴが見えてくる。しかし、そのエゴを静かに見つめるならば、自然に、そのエゴの蠢きが静まっていく。そのとき、「鏡」が「神」になるのです。

柔道でも「勝つと思うな、思えば負けよ」という歌があります。「勝ちたい」というのは、まだ自我があります。「勝ちたい」と思う我があるうちは、まだ本当の境涯ではない。まだそんな境涯ならば負けなさいと、はっきり言い切るわけです。これが日本のスポーツの精神です。ですから、選手が最高の状態にあるのは、まさに無我夢中、一心不乱のときです。その世界でふと気がついたら、勝利という結果が与えられ

■**勝つと思うな、思えば負けよ**
ドラマ『柔』の主題歌として用いられた、美空ひばりの歌「柔」（作詞：関沢新一、作曲：古賀政男、一九六四）の一節。

ている。これが、「道」の世界です。

一人ひとりが日本の良さを自然に発信する場

インドに行った話は何度かしましたが、もう一つ紹介したいエピソードがあります。それは、サッカーのワールドカップのことです。あるインドの指導者が、多くの参加者の前で、今回のワールドカップで日本の素晴らしさがわかったと話をしたのです。それは、試合が終わった後、日本人のサポーターが誰に言われることなく清掃をしていたことです。その指導者は、「こんなことは初めて見た。素晴らしい。これこそ日本精神ではないか」と、彼は多くの参加者の前で言ってくれました。

このサポーターの清掃のことは、日本でも報道されたのですが、インドの片田舎で、そんなことまで高く評価して頂いているのには、嬉しく思うと同時に、本当に驚きました。このサポーターたちは、世界でどう受け取られるかなどということは考えず、ただ自然なこととして行っただけでしょう。しかし、世界は、そういうことを見ているのだと思いました。だから、二〇二〇年の東京オリンピック・パラリンピックは、日本が主催するのですから、そういった何げないことを、国民一人ひとりがあらゆる場面において、ごく自然に行えるような大会であってほしいと思います。

いずれにしても、二〇二〇年のオリンピック、パラリンピックは、スポーツ選手だけでなく、すべての日本人が世界に向けてメッセージを伝える絶好の機会です。その機会に、日本が世界に対して良い影響を与えていくことは、我々の大切な使命だと思います。

原子力発電に代わる代替エネルギーの開発を

この東京オリンピック・パラリンピックの誘致のときには、福島の原発問題に、世界中の注目が集まりました。この原子力発電の問題は、ある意味で、究極の環境問題でもありますが、私は、原理原則から言えば、日本の神々は、原子力発電を早くやめてもらいたいと思っていると想像します。人類が責任を持って管理できないものについては、違うものに変えるべきだと思っているでしょう。原子力発電からは、十万年も管理しなければならない放射性廃棄物が発生するのですから、責任の重い話です。

しかし、現実の政治を担う立場として、原子力発電を即時廃止することは、非現実的であると私は思います。いま原子力発電を止めるとすると、代替エネルギーを用意

■代替エネルギー
代替エネルギーは、バイオマス、太陽熱、雪氷熱、地熱、風力、太陽光などの再生可能エネルギーを指す。代替エネルギーを利用した発電は、原子力等とくらべて高コストになるため普及が遅れているが、代替エネルギーに関する日本の技術開発は世界でもトップクラスであり、代替エネルギー関連の特許は日本が五割以上を占めている。

し、生産や消費の体制を整えるのに相当の時間がかかり、その間に経済が疲弊・衰退してしまうからです。経済が衰退するということは国が衰退することにもつながりますから、新たな技術開発によって代替エネルギーを確保するメドがつかない限り、原子力発電を止めることはできません。従って、安全が十分に確認された原発については、再稼働をすることが、政治の現実として、選ばざるを得ない選択肢と思います。

しかし、一方で、福島第一原発の事故は、この日本において原子力発電に代わる再生エネルギー、自然エネルギー、新エネルギーを急いで開発せよという、神の啓示でもあったと思います。そして、この課題は、日本のためだけにとどまらず、人類全体に対する貢献にもなっていくでしょう。それは、科学技術分野における日本の世界的使命であるとも言えます。すでに大気汚染などの環境汚染対策技術について、日本は先進国ですから、発展途上国を始め、世界各国に技術提供をしていく必要があります。

そして、二〇二〇年のオリンピック・パラリンピックで世界の人々が東京に来たときに、東京は世界最高の最先端都市であり、なおかつ緑が豊かにあり、河川も清く、海も美しい、そう感じてもらえるようにすべきでしょう。そして、そのことを通じて、環境問題の解決に力を注ぐことの大切さを、世界に伝えなければなりません。環境問題は、日本一国の問題でなく、人類全体の共通の問題、地球規模の問題です。その意味で、我が国は、さらに力を入れて、科学技術の開発を進めなければならないでしょう。

老若男女が参加できる社会を

人口減の問題はスピードが問題

日本のこれからを考えるとき、避けて通れないのが、少子高齢化の問題です。二〇三〇年には人口の四〇パーセントが六十歳以上になり、二〇六〇年には、人口が三分の二になります。私は人口が減ること自体は、それほど悲観する話ではないと思います。もともと今から百五十年くらい前、明治維新のころは、我が国には四千万人しかいませんでした。三百年くらい前の江戸時代は、わずか三千万人です。ですから、人口が減るといっても、元に戻るだけのことです。

ただ問題なのは、急激に人口が減るなかで、これから到来する高齢社会をどうやって支えるかということです。もし人口が緩やかに減っていくのであれば、社会にとって大きな負担にはなりませんが、急激な少子高齢化の中では、高齢者の生活を支えるための産業をどう作っていくかということが大きな問題になります。我が国の人口が半分になったとき、消滅する自治体が相当数出てきたとしても、それは仕方がありませんが、急激に人口が減ると、行政そのものが成り立たなくなります。三百年かけて徐々に消滅していくのは仕方ないと思いますが、いま、急激になくなるのは大きな問題を引き起こします。

教育が日本経済を立て直す

この少子高齢化の問題を解決する手段はいくつかありますが、私が最重要視している解決手段は、教育です。

国民一人ひとりが豊かになるためには、やはり教育が必要です。教育は、一人ひとりの付加価値を高めることができます。一人ひとりの労働生産性を教育によって高め、年収四百万円くらいだった人を、八百万円くらいにできるかということです。それは、量の問題ではありません。例えば、一日八時間働いている人が倍の十六時間働いて、年収を倍の八百万円にできるかといっても、それは不可能な話です。だから、質を転換するしかありません。つまり、八百万円の年収にするためには、教育によっ

■**消滅自治体**
民間研究機関である日本創成会議・人口減少問題検討分科会の推計によると、全国約一八〇〇自治体のうち、八九六自治体が二〇四〇年までに若い女性が半分以上減少する見込みで、将来的に人口減により自治体の維持が不可能になるおそれがあるとされている。

て付加価値の高い仕事に就けるようにするのです。

また、統計によれば、教育を受けていない人の婚姻率は低く、結婚をしたとしても、複数の子供を産むことを控える傾向にあります。それは裏返せば、家族を養うほどの収入を得る職に就くことができないということでもあります。そして、収入の少ない家庭の子供は、高校や大学への進学も制限されてしまいます。貧乏な家庭の子供には、相対的に未来がないのが現実です。こうした状況を生み出している一つの要因は、日本の教育費のあり方にあります。日本では教育費を家庭が負担することになっているからです。世界では、国が教育費を負担するのが一般的です。我が国のこうした状況を改善していかなければなりません。全ての人に教育を受ける権利があり、全ての人がその権利を享受できる環境を作らなければなりません。教育こそが、社会の格差を解消するのです。

人口減少のなかでの新たな労働力

現在の日本の労働人口は、十八歳から六十五歳までの男性がほとんどです。そこで、生かすべき存在の一つとして、女性に注目が集まっています。我が国においては、高学歴の女性であっても、一度結婚して、子供を産むために家庭に入ると、子育て後に社会に復帰したとしても、ほとんどの求人がパートやアルバイトなど非正規雇用しかなく、これらの女性の能力が生かされていません。では、これらの女性の力を生かすにはどうすればよいでしょうか。例えば、もう一度、大学や大学院に入り直すことによって、さらに高い能力を身につける。そうした形で、女性の潜在的な能力を生涯にわたって生かし続けることができる教育の仕組み。それを作る必要もあるでしょう。

また、私が特に重要だと思うのは、高齢者の活躍です。私の年齢の人々は、定年退職を迎えています。彼らは能力もあり、もっと働けるのですが、定年後はしばらく仕事に就きたくないと思っている人も結構います。退職金もそれなりに出るので、悠々自適で二、三年くらい暮らしていけるからです。しかし、それは社会にとっては、大きな損失でしょう。彼らは、永年の経験を活かして教育者になることもできるでしょう。また、大学などで学び直し、新たな挑戦をすることもできます。文科省では、二〇一四年から「土曜授業」という施策によって、企業のＯＢの方などに授業を担っていただくことを推進しています。これからの時代は、高齢者の方々でも、働けるだけの健康も能力もあるならば、七十歳になっても八十歳になっても働けるという環境づくりが必要です。これは、高齢者の方々の生きがいを作ることにもつながる施策です。

こう考えていくと、日本が経済的に成長していく要素というのは、教育によって、いくらでも作っていけると思います。いま、もし何もしないならば、悲観的な未来がやってきますが、いまなら、まだ間に合います。これから先、人口は必ず減っていきます。しかし、人口減少に耐えうる社会を作っていくことは、十分に可能だと思います。そのためには、教育によって、全員参加型の社会を作っていくべきでしょう。

多様なキャリアを受け入れる社会へ

日本は、諸外国から色々な価値観を受け入れて進化してきた国ですが、女性や高齢者が働くことについては、まだ遅れている部分があります。働きざかりの女性が子育てで家庭に入る例は多いと思いますが、子育てが終わった後、もう一度働きたい人にはもっとチャンスを提供しなければなりません。いまは、女性にしても、中高年にしても、一度会社を辞めてしまうと、再就職しようと思っても、なかなかまともな職場がありません。だから、そういう能力のある人たちに対して、まともな仕事ができるような職場をどう提供するかは、とても大事な課題だと思います。

一方で、家庭において子供を育てるということは、とても創造的な仕事であると、私は思います。それを仕事だと考えたら、これほど創造的で働き甲斐のある仕事はありません。子供という無限の可能性のある存在を、自分の手で育んでいけるわけですから。子供というのは、ある意味で、神のような存在です。従って、日本の女性には、子供を育てることは、人生における素晴らしい営みであるということを自覚してもらいながら、一方で、能力があり、働く意欲のある女性が、その意志さえあれば、社会で活躍できるようにする。すなわち、働きたい女性は働き、家で家族を支えたい人は家に居るというように、選択肢が増えることが大切です。また、男女を問わず、家庭を中心にする時期と仕事に集中する時期、次の飛躍に備える学びの時期など、人生のそれぞれの時期を適切にサポートできる社会であるべきと思います。

移民の受け入れは時間の問題

少子高齢化が急速に進んでいる我が国においては、移民の受け入れも時間の問題でしょう。我が国は鎖国社会ではありませんから、これから色々な国の人々が移住してくるようになっていきます。しかし、あまり短期間に、大量の移民を受け入れると、自国の文化の破壊につながります。従って、文化の破壊につながらないペースで、少

■**移民の受け入れ**
　現在、外国人労働者は高度な技能を持つ人材などに制限されているが、政府は、単純労働者も含めて毎年二〇万人の移民受け入れを検討している。

しずつ移民を受け入れていく必要があります。そして、やはり最初は、優秀な方を選別して来ていただくことにせざるをえない。選ばずに一気に入れてしまったら、日本社会は崩壊するかもしれないからです。

この移民の受け入れに際しては、一定の制限を設けることは避けられませんが、仕事や生活の面で差別があってはならないと思います。人間を人間として遇するという文化を日本は持っています。会社の社長が、掃除をしている人にもご苦労さまと声をかけ、仲間として遇する文化が日本にはありますが、「移民は日本人ではないから関係ない」と考えるのは、少し寂しい話です。移民を受け入れるときに大事なのは、「制度」の問題だけでなく、移民の人たちと一緒に働くという「ご縁」を大切にすることだと思います。例えば、互いに働きがいを大切にしようとか、互いに成長していこうとか、仕事のレベルは違ったとしても、そういう気持ちを持てるかどうかが大切です。これは、日本人同士でも同様です。例えば、職場のマネジメントにおいては、正規雇用と非正規雇用の違いがあっても、どちらも共に働く仲間として見つめることが大切です。そうしたマネジメントがないと、やはり職場の雰囲気は荒れてくるからです。

本来、日本のマネジメント思想は、学歴や肩書や役職は関係ない。職場で働く全員が、会社を支えているという考えを原点にしています。日本企業においては、伝教大師最澄の語った「一隅を照らす、これ国の宝なり」との言葉を胸に刻んで社員に接する経営者は、決して少なくありませんでした。同様に、本来、日本のマネジメントにおいては、人種も国籍も関係ないのです。

しかし、残念ながら、最近では、この日本型マネジメントの思想は、欧米からの金融資本主義の浸透の影響で、かなり風化しつつあります。従って、もし近い将来、移民を受け入れたとき、職場において移民の人々を差別するようなことがあったら、それは、ある意味で、日本の素晴らしい文化の自己崩壊と言わざるを得ないでしょう。

マハティール元首相とのエピソードでも話しましたが、「三十年前、四十年前の日本は良かった。しかし、いまの日本は、その良さを失ったのではないか」という声もよく聞きますし、私自身も同じような危惧を覚えることはあります。だからこそ、日本人はここで、古き良き文化への原点回帰をするべきでしょう。そして、日本の文化の持つ素晴らしい部分を、もう一度、深く見つめ直すべきでしょう。

「志の教育」の大切さ

日本文化の持つ素晴らしい部分の一つは、深みある労働観だと思います。日本企業の職場においては、社員一人ひとりの「働き甲斐」というものを大切にします。そして、その「働き甲斐」の先に「生き甲斐」がある。私は、これからの日本においては、この「働き甲斐」と「生き甲斐」を大切にする文化を復活させることが重要であると考えています。

では、どうすれば、未来の日本を担う若い世代の方々が、「働き甲斐」や「生き甲斐」を感じることができるようになるのでしょうか。

そのために大切なものは、「志の教育」であると思います。

ただし、「志」は「夢」とは違います。「夢」は個人のものですが、「志」は、一人の個人が社会に対してどう尽くすかという覚悟です。従って、「志」は、個人の世界で終わりません。「志」というとき、そこにはいつも、社会とか、他者がいます。社会や他者を高めていくような生き方。それが「志」を抱いた生き方でしょう。そして、これからの日本には、まさに、この意味における「志の教育」が求められています。

「志」というものが、社会に対してどう尽くすかという覚悟であるならば、「志」は一人で実現できるものではありません。多くの人々との出会いのなかで、そこに共感が生まれ、仲間が生まれ、同志が生まれ、力を合わせて「志」を実現していく。「志」を抱いた瞬間から、そうした歩みが始まります。

そして、「志」を抱く人の周りには、不思議なことに「目に見えない資本」＝「文化資本」が自然に集まってきます。「志」を持って行動していると、多くの人々が、良い智恵を貸してくれたり、無償で仕事を手伝ってくれたり、良い人を紹介してくれたり、まさに「ボランタリー経済」が動き出すのです。

さらに言えば、「志」は、一代で成し遂げられるものでもありません。それが「高き志」であればあるほど、一つの世代だけでは成し遂げられない。例えば、地球温暖化の問題を解決するという「志」を抱いたならば、それは、何世代にもわたって「志」をつないでいくことによってしか、解決できないでしょう。だから、我々は、「高き志」を抱くならば、その実現のために、自分の時代に全力を尽くして取り組む。しかし、自分の時代が終わるとき、その「志」の実現を、祈りとともに次の世代に託するのです。

「志」を実現するのは誰か

そして、日本における「志の教育」の最も深い次元は、「その志を実現するのは誰か」との問いに象徴されます。

日本には、「我が業は、我が為すにあらず」という言葉があります。日本人は、生涯を賭けて素晴らしい仕事を為し遂げたときにも、「あの仕事は、私が成し遂げたのです」とは言わない。優れた先人は、こうしたとき、必ずといって良いほど、「あの仕事は、天が成し遂げた仕事です。私という人間を通じて、大いなる天が成し遂げた仕事です」と言われるのです。こうした先人の素晴らしい後姿からは、深く学ばされます。

そして、こうした「我が業は、我が為すにあらず」といった心の姿勢で歩んでいると、不思議なほど、天の配剤が動き、人との出会いに恵まれるのです。大いなる何かに導かれた人生になっていくのです。

そして、この「志」という言葉の裏には、もう一つの大切な言葉が書かれています。

それは、「使命」という言葉です。

「志」と「使命感」、それは、人生を生きていくときに大切な一対の言葉でしょう。

では、「使命」とは何か?

私は、「使命」と書いて、「命を使う」と読むと思っています。

この人生において、天から与えられた、この命。

いつか終わりがやって来る、この命。

いつ終わりがやってくるか分からない、この命。

その大切な命を、尊い命を、何に使うか。

その覚悟が、「使命感」であり、「志」なのかと思います。

すべての日本人が、この「志」と「使命感」を抱いて働く社会、生きる社会。

それは、必ず、素晴らしい社会になっていくだろうと思います。

二十一世紀、この日本という国が、そうした素晴らしい社会を実現することを、私は、心より祈っています。

あとがき

二十一世紀の時代において職業の選択の自由は、どこの国でも当然のこととなりました。しかし、これは人類の歴史においてごく最近のことです。日本においても百五十年程前までは、百姓の子は一生百姓であり、武士の子は一生武士の子であったわけです。

近代に入り、誰でも意志と能力さえあれば、何にでもなれる時代になりました。これは、すべての人にチャンスと可能性を与えてくれるという民主主義のすばらしい時代の到来です。一方、二十一世紀になり、米国の経済学者によれば、これから三十年後には現在の職業の六五パーセントはなくなると予想するような、これまで人類が経験していない変化の激しい時代になりました。

日本の高校一年生の八四パーセントの人が自分はダメな人間だと思っているという調査結果について触れましたが、すべての人にチャンスがある時代である一方、すべての人にリスクがある時代というのは、ストレスの多い社会であるとも言えます。

だからこそ、自分は何のために生まれてきたのか、何のために生きているのか、自分のアイデンティティをしっかり考える必要があります。

自分がこの世に生まれてきたのは、何か社会のため、家族のため、国のために、役に立つことをすることができると思ったためではないでしょうか。

そのためには、自分の根っこの部分をもっと知る必要があります。知れば知るほど、自分を見つけることになりますし、他者のすばらしさを見つけることになります。

なぜ日本から始められるのかと言えば、日本は一つの物差しで、例えばある宗教によって全体が染まっているわけではないし、何とか主義という思想のもとで、社会が一つに染まっているわけでもありません。逆に、古今東西の思想・哲学・宗教などのいいとこ取りができる国だと言えます。柔軟で抵抗感がないからこそ、新しい文明を切り拓くチャンスがあるのです。これは日本文明の優位論ではなく、歴史の必然性でもあります。日本人は日本の文化・歴史・伝統をしっかり学びながら、もっと多重的に、多層的に、世界に発信していかなければなりません。そのためのヒントを本書によって貢献できれば幸いです。

最後に本著を書くにあたって、田坂広志さん、藤沢久美さん、浦晋亮さん、水野克比古さん、小野寺粛さん、山本淳雄さん、金田汐美さんにご協力いただきました。この場をお借りして心より感謝いたします。

二〇一五年一月

下村　博文

下村博文　Shimomura Hakubun

衆議院議員
文部科学大臣
教育再生担当大臣
東京オリンピック・パラリンピック担当大臣

昭和29年群馬県生まれ。早稲田大学教育学部卒業。平成元年東京都議会議員に初当選、以来2期7年を努め、平成8年より東京11区より初当選（現在連続7期目）。

9歳の時、父の突然の交通事故死により苦しい生活がはじまる。高校・大学を奨学金のおかげで卒業できた。その間、多くの人々に助けられ「皆に恩返しを」という気持ちが高まる。また大学時代に早稲田大学雄弁会の幹事長等を経験し、日本をリードしていく情熱あふれる人々との出会いにより、自分の進むべき道は政治家であると確信する。

以来、その使命感が原動力となり、「教育改革を通して日本の再構築」を実現することを目標とし、活動している。

第一次安倍内閣の内閣官房副長官、第二次・第三次安倍内閣にて文部科学大臣　教育再生担当大臣、東京オリンピック・パラリンピック担当大臣として活動中。


【おもな著書】

『教育激変』（明成社）、『学校を変える「教育特区」子供と日本の将来を担えるか』（大村書店）、『子育て　必須マニュアル』（ヒューマン）、『「塾」そのありのままの姿』（学陽書房）、『サッチャー改革に学ぶ　教育正常化への道』（PHP研究所）、『下村博文の教育立国論』（河出書房新社）、『9歳で突然父を亡くし新聞配達少年から文科大臣に』（海竜社）

下村博文 公式 Web　http://www.hakubun.biz/

世界を照らす日本のこころ

二〇一五年一月二十五日　第一刷発行

著　者　下村博文

発行者　浦　晋亮

発行所　IBCパブリッシング株式会社
〒一六二-〇八〇四
東京都新宿区中里町二十九番三号
菱秀神楽坂ビル九階
電　話　〇三-三五一三-四五一一
FAX　〇三-三五一三-四五一二
www.ibcpub.co.jp

印刷所　株式会社シナノパブリッシングプレス

ISBN978-4-7946-0321-0